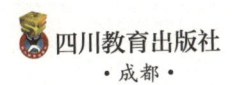

少年读全景
资治通鉴故事

① 周纪·秦纪

廖志军 编著

四川教育出版社
·成都·

图书在版编目（CIP）数据

少年读全景资治通鉴故事. 1，周纪·秦纪 / 廖志军 编著 .— 成都：四川教育出版社，2021.10
ISBN 978-7-5408-7789-7

I. ①少… II. ①廖… III. ①中国历史—古代史—编年体 ②《资治通鉴》—少年读物 IV. ① K204.3-49

中国版本图书馆 CIP 数据核字（2021）第 181935 号

SHAONIAN DU QUANJING ZIZHITONGJIAN GUSHI 1 ZHOUJI · QINJI
少年读全景资治通鉴故事 1 周纪·秦纪
廖志军　编著

出 品 人	雷　华
责任编辑	肖　勇
责任校对	刘　畅
封面设计	路炳男
版式设计	闫晓玉
责任印制	田东洋
出版发行	四川教育出版社
地　　址	成都市黄荆路 13 号
邮政编码	610225
网　　址	www.chuanjiaoshe.com
印　　刷	德富泰（唐山）印务有限公司
制　　作	闫晓玉
版　　次	2021 年 12 月第 1 版
印　　次	2021 年 12 月第 1 次印刷
成品规格	188mm×245mm
印　　张	9
书　　号	ISBN 978-7-5408-7789-7
定　　价	168.00 元（全 6 册）

如发现印装质量问题，影响阅读，请与本社联系。总编室电话：（028）86365120
编辑部电话：（028）86365129

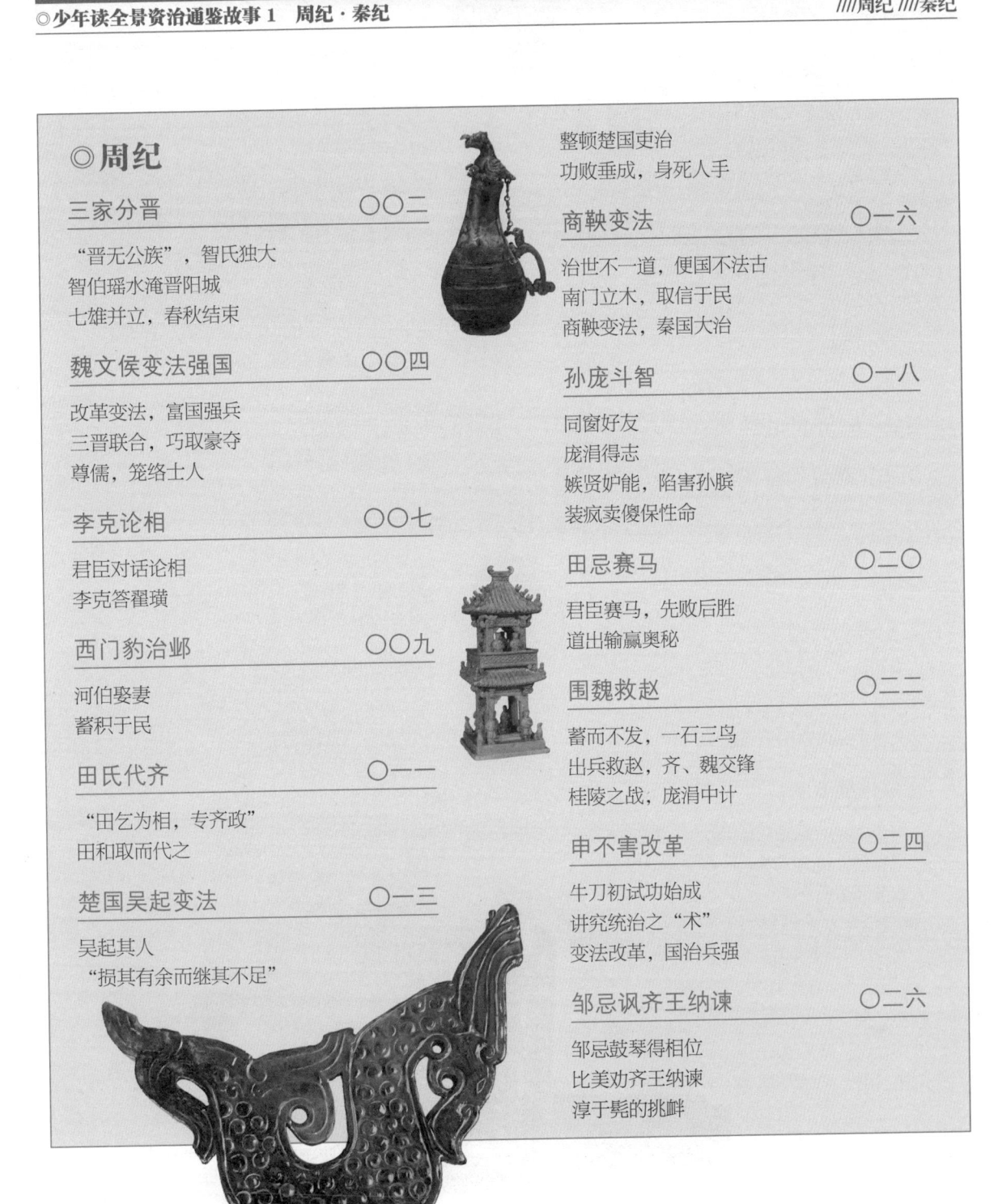

目录 | 公元前403年~公元前207年

◎少年读全景资治通鉴故事1　周纪·秦纪　　　　　////周纪////秦纪

◎周纪

三家分晋 ……………… 〇〇二
"晋无公族",智氏独大
智伯瑶水淹晋阳城
七雄并立,春秋结束

魏文侯变法强国 ……… 〇〇四
改革变法,富国强兵
三晋联合,巧取豪夺
尊儒,笼络士人

李克论相 ……………… 〇〇七
君臣对话论相
李克答翟璜

西门豹治邺 …………… 〇〇九
河伯娶妻
蓄积于民

田氏代齐 ……………… 〇一一
"田乞为相,专齐政"
田和取而代之

楚国吴起变法 ………… 〇一三
吴起其人
"损其有余而继其不足"

整顿楚国吏治
功败垂成,身死人手

商鞅变法 ……………… 〇一六
治世不一道,便国不法古
南门立木,取信于民
商鞅变法,秦国大治

孙庞斗智 ……………… 〇一八
同窗好友
庞涓得志
嫉贤妒能,陷害孙膑
装疯卖傻保性命

田忌赛马 ……………… 〇二〇
君臣赛马,先败后胜
道出输赢奥秘

围魏救赵 ……………… 〇二二
蓄而不发,一石三鸟
出兵救赵,齐、魏交锋
桂陵之战,庞涓中计

申不害改革 …………… 〇二四
牛刀初试功始成
讲究统治之"术"
变法改革,国治兵强

邹忌讽齐王纳谏 ……… 〇二六
邹忌鼓琴得相位
比美劝齐王纳谏
淳于髡的挑衅

齐威王烹贪官　　　　　　　〇二九
实地考察，辨别真伪
赏罚分明，水煮贪官
杀鸡儆猴，齐国大治

齐威王"以令天下"　　　　　〇三一
人才就是国宝
严刑重赏，以法治国
广开言路，奖励进谏

魏霸中原　　　　　　　　　〇三三
迁都大梁，稳定发展
逢泽之会，"尊魏为王"

马陵大战　　　　　　　　　〇三五
分析利弊，出兵援韩
减灶诱敌，设伏马陵

历史上第一位秦王　　　　　〇三七
识人驭人，大权独揽
打通中原通道
秦君称王，逐鹿中原

苏秦合相六国　　　　　　　〇三九
游说失败，穷困潦倒
刺股读书，发愤图强
合纵成功，佩六国相印

张仪连横霸秦　　　　　　　〇四二
"舌头安在？"
初试锋芒，破纵连横
入楚骗怀王破合纵
连横成功，封武信君

赵武灵王胡服骑射　　　　　〇四五
强敌环伺，立志强国
力排众议，坚持改革
胡服骑射，国威大振

陈轸巧舌说列国　　　　　　〇四七
陈轸巧舌劝退楚军
诙谐破谗言
借虎斗谏秦王中立
"借彼之谋，成我之功"

司马错舌战张仪　　　　　　〇五〇
唇枪舌剑战张仪
秦灭巴蜀之战

燕昭王金台招贤　　　　　　〇五二
千金买马骨，招揽天下贤
重用贤臣，改革内政

甘茂巧谏秦武王　　　　　　〇五四
秦武王的雄心
"曾参杀人"
订立息壤之盟

孟尝君过函谷关　　　　　　〇五六
赴秦入虎狼之穴
钻狗洞盗得狐裘
学鸡鸣顺利出逃

赵主父饿死沙丘宫　　　　　〇五八
立储失误，埋下隐患
沙丘宫变，枭雄饿死

乐毅破齐　　　　　　　　　〇六〇
官拜上将军，统率五国兵马
歼齐主力，大破临淄
乘胜追击，攻无不克

蔺相如完璧归赵　　　　　　〇六三
危急关头请缨使秦
秦廷智斗秦王
使巧计完璧归赵

廉颇负荆请罪　　　　　○六五
渑池会屈秦王
"先国家之急而后私仇"
将相和

田单火牛破燕　　　　　○六七
巧使反间计，逼走乐毅
巧施妙计，激起士气
田单大摆"火牛阵"

"亚圣"孟子　　　　　　○七○
少年贪玩，孟母三迁
"仁政"与"王道"思想的确立
传道授业，著书立传

范雎拜相　　　　　　　○七二
茅厕之辱
得秦王重用
远交近攻之策
"固干削枝"，巩固王权
睚眦必报，反受其累

触龙说赵威后　　　　　○七五
关心问候，避其锋芒
投其所好，循循善诱

长平之战　　　　　　　○七七
廉颇坚守长平，范雎巧使反间计
赵括纸上谈兵，白起诱敌围歼

信陵君窃符救赵　　　　○七九
行侠仗义，亲赴险境
侯嬴献计，窃符救赵
锤杀晋鄙，发兵解围
"倾平原君客"

毛遂自荐　　　　　　　○八二
自荐出使楚国
大义凛然，说楚合纵

成功定盟，脱颖而出

春申君黄歇　　　　　　○八四
辩才出众，受命赴秦
辅国持权，援赵灭鲁
政治失意，命丧棘门

常胜将军白起之死　　　○八六
生于强秦，崭露头角
声震天下，"闻白起胆寒"
祸起萧墙，死非其罪

鲁仲连"侠隐"风范　　　○八九
佼佼雄辩家，务实不空谈
一箭书信退燕兵
痛斥辛垣衍，义不帝秦
"功成耻受赏，高节卓不群"

吕不韦"奇货可居"　　　○九二
投机政治，扶持异人
游说华阳夫人
官至丞相，大放政治异彩

◎秦纪

"疲秦之计"郑国渠　　　○九六
入秦实施"疲秦计"
工程一波三折
恩惠千秋郑国渠

秦王嬴政亲政　　　　　○九八
苦尽甘来登上王位
平定嫪毐之乱
罢免权相吕不韦

赵国名将李牧　　　　　一○○
以弱示敌，北抗匈奴
力挽狂澜，抗秦砥柱
赵幽缪王自毁长城

诛杀手足，残害忠良
走投无路，被逼身亡

大泽乡起义 —— 一一九
朝廷征夫，陈胜揭竿
号召民众，反抗暴秦
转战南北，最终兵败

刘邦沛县起兵 —— 一二二
志向高远，沛县豪杰
趁势起兵，举旗反秦

项氏揭竿反秦 —— 一二四
楚国贵族，趁势举兵
横渡长江，向北进军

秦末大将章邯 —— 一二六
义军蜂起，率军镇压
败于义军，归附霸王

巨鹿之战 —— 一二八
章邯破赵，义军被围
破釜沉舟，大败秦军

刘邦入关亡秦 —— 一三〇
刘邦西进，兵临咸阳
子婴出降，秦朝灭亡

西楚霸王项羽 —— 一三三
火烧秦宫，自封霸王
诸侯反叛，霸王平乱

汉王定三秦 —— 一三五
韬光养晦，平定三秦
采取措施，巩固后方

高阳酒徒郦食其 —— 一三七
高阳酒徒，投奔沛公
游说齐王，惨遭烹杀

法家大成韩非子 —— 一〇三
师从荀子，另辟蹊径
"法、术、势"相结合
同窗排挤，死于非命

荆轲刺秦王 —— 一〇五
燕太子丹的阴谋
壮士一去不复返
面见秦王，图穷匕见

千古一帝秦始皇 —— 一〇八
功高盖世，自称皇帝
改革旧制，巩固集权
焚书坑儒，大兴土木
痴迷求仙，寿终归西

大丞相李斯 —— 一一一
元老重臣，辅佐秦皇
勾结奸臣，扶植二世
蒙冤遭诬，腰斩灭族

赵高乱秦 —— 一一三
善于钻营，拥立胡亥
残酷无情，杀害忠良
指鹿为马，篡权被诛

战神蒙恬 —— 一一五
抗击匈奴，威震边关
镇守边陲，功劳卓著
奸臣专权，含冤而亡

昏君秦二世 —— 一一七
残暴不仁，荒淫无道

少年读全景资治通鉴故事 1

—— 周纪·秦纪 ——

周 纪

公元前403年~公元前256年

少年读全景 资治通鉴故事 1

| ▶▶ 周纪·秦纪 | ▶▶ 周纪 | ▶▶ 三家分晋 |

春秋晚期，晋国的政权被不是公族的赵、韩、魏、智、范和中行氏六家大夫把持，他们之间不断地互相兼并。先是联合起来的赵、韩、魏、智四家消灭了范氏和中行氏，紧跟着，韩、赵、魏三家联手将智氏消灭。公元前403年，事实上已经毫无实权的周威烈王被迫正式承认他们的诸侯地位。于是，韩、赵、魏三家分晋，各自成立国家，与原来的秦、齐、楚、燕四大国一起，并称战国七雄。三家分晋标志着中国由奴隶社会进入了封建社会，是历史上具有划时代意义的重大事件。

周纪
三家分晋

春秋末年，晋国只剩下魏、赵、韩、范、智和中行氏六家大夫，是为六卿。其中，智氏的实力最强，其他五家都不敢与之作对。智氏家族的智伯雄心勃勃，他逐步消灭异己，以期有朝一日能自立为王。

公元前490年，范氏和中行氏在智、韩、赵、魏的联合打击下逃到齐国，六卿只剩下了四卿，智伯此后更为嚣张。

为了早日消灭另外三家，实现自己的君主之梦，他心生一计。智伯建议每家各归还晋公室一百里土地和人口，以振兴晋君的实力，恢复其文公时的霸主雄风。

赵襄子、韩康子、魏桓子都是聪明人，一听智伯的这个建议，就知道这是想削弱他们三家的实力，但是他们各自的想法不同。

韩家和魏家相继将土地和人口上交了，赵家则不肯，赵襄子说："这些东西都是祖先用功劳换来的，我为什么要交出来？"

智伯大怒，与韩、魏定下协议，答应他们灭赵氏后平分赵家的财产，于是三家在公元前455年联合出兵攻打赵氏。智伯统领军队为中路，韩、魏各为左、右翼。

赵襄子见敌人来势汹汹，知道不敌，就领军退至老巢晋阳。晋阳城墙高而坚固，粮草也十分充足，更有百姓的支持，地利与人和占尽，

"晋无公族"，智氏独大

周朝的各诸侯国一般都会封诸侯公室的子孙为大夫，给他们封地，让这些与公室有血缘关系的大夫作为公室的屏障。

晋献公在骊姬叛乱之时，反而追杀公室子孙，自此以后"晋无公族"，不再立公室子孙为贵族了。后来的晋成公以"宦卿之适子而为之田，以为公族"，赵盾又让公室外的异姓之臣作为贵族，晋国君室的实力就此逐渐削弱，而非公室的卿大夫的权力大大增强，这些异姓公卿之间又不断进行争斗、兼并和整合。

▶（春秋）赵卿鸟壶
此壶出土于太原晋阳古城金胜村春秋晚期墓葬遗址中的赵卿墓。赵卿墓是迄今为止所见春秋时期等级最高、规模最大、随葬品最丰富、资料最完整的晋国贵族墓葬。

| 周纪·秦纪 | 周纪 | 三家分晋 |

智伯围了三年都无法在赵军如雨的箭下攻入城中。

智伯瑶水淹晋阳城

公元前453年的一天，智伯带人出营察看晋阳城北的地形，当他见到绕城东北而流的晋水（今汾河）时，心中突现一计，于是命兵士即刻到河的上游筑坝拦水。由于此时正是旱季，晋水水量不大，此项工程很快就完成了。

到了雨季，随着洪水的来临，智伯又让兵士开坝放水，滔滔的水流携沙带泥向晋阳城冲去，城中的百姓不得不爬上房顶避难。

如此一来，更加深了晋阳百姓对智氏的仇恨，他们誓死不肯投降。

智伯同韩康子、魏桓子一起在高处观看水淹晋阳城，他手指晋阳城说道："看吧！晋阳就要完了。我原以为晋水只会像城墙一样阻挡我们，现在才知道，汹涌的大水也能帮助我们灭掉敌人。"韩康子和魏桓子心中皆是一惊，原来他们各自的封邑平阳（今山西临汾西南）和安邑（今山西夏县西北）旁边都有一条河流过，智伯的话让他们担心有朝一日眼前的祸事也会发生在自己身上。

城遭水淹后，心急如焚的赵襄子忙去找谋士张孟谈。张孟谈说："我们能否逃过此劫，就看韩、魏两家了。我觉得他们是因为惧怕智伯才前来攻打我们的，并不是真心与我们为敌。我去见见他们，看能否说服他们反戈。"

张孟谈当晚就悄悄出了城，暗中与韩康子和魏桓子分别作了交谈。当时，韩康子和魏桓子正忧心忡忡，张孟谈的一席话让二人茅塞顿开，当即表示愿意与赵氏合力对付智伯。唯恐夜长梦

▲逐鹿中原

多，他们决定第二天晚上起事。

翌日深夜，正在营中做美梦的智伯突然被呐喊声惊醒，连忙爬起来，却发现军营中全是水。不知发生何事的智家军猛然听到四面八方响起擂鼓声，原来是韩、赵、魏三家兵士乘着木舟与竹筏到处砍杀。最后，智氏的兵马死伤无数，智伯也被擒住杀死。

灭了智家之后，韩、魏收回了被智伯侵占的土地，而智家的土地则被三家平分。韩、赵、魏在晋国三足鼎立，为了不让晋公室再对自己形成威胁，他们就将晋国分为三部分，就此奠定了各自的根基。

七雄并立，春秋结束

晋哀公死后，公子柳继位，即晋幽公。此时的晋国公室已经完全失去了权力，晋幽公不仅无法约束韩、赵、魏，自己还得去朝见他们。

与瓜分晋公室的权力一样，晋国的土地也被他们瓜分，晋公室只剩下绛与曲沃二邑。

公元前403年，同样失势的周天子见晋国大势已去，就顺应韩、赵、魏的要求，正式把他们封为诸侯，这件事史称"三家分晋"。

从此以后，韩、赵、魏这三个新成立的中原大国与之前的秦、齐、楚、燕四个大国被并称为"战国七雄"。

中国的春秋时期就此结束，战国七雄之间的争霸渐渐展开，而中国也开始了由奴隶社会向封建社会迈进的步伐。

少年读全景
资治通鉴故事1

▶ 周纪·秦纪　　▶▶ 周纪　　▶▶ 魏文侯变法强国

周纪
魏文侯变法强国

晋国被三分后，公元前445年，魏文侯即位为魏国国君。他执政期间，重用文人贤士，用对待老师的礼节礼遇儒家的子夏等人。他还以李悝、翟璜等贤人为相，以乐羊、吴起等人为将。这些人原本都是小贵族或平民出身，被重用后，开始在国家的政治、军事等方面发挥重要作用，这表明官僚政治开始逐步代替世族政治。在当时的七大国中，魏文侯率先实行改革，变革政治，奖励耕战，大力发展封建经济，使得魏国国富民强。此后，他又遏制赵国，吞灭中山国，接连挫败秦、齐、楚等国，大大拓展了魏国疆域，从而拉开了魏国百年霸业的帷幕。

▼（战国）青铜盖豆
此豆出土于长清岗辛战国墓，高27.5厘米，盘径18.5厘米，盘深6厘米。此器盘与盖合扣后呈扁球形，盖上有圆形扁平捉手，盘下矮柄上粗下细，下接喇叭形圈足；盖顶捉手与盘下把柄为分铸后与盖、盘拼接在一起的。盘、盖均饰以黄铜丝和松绿石镶嵌而成的几何勾连云纹，十分精美。

改革变法，富国强兵

为了增强魏国实力，使魏国在不被其他强国吞并的前提下向外拓展，魏文侯用获利丰厚的盐业收入创建了一支精锐的常备军，即武卒。他对武卒兵士的选用抱着宁缺毋滥的原则。他还免除武卒全家的徭役和田宅税，使他们享受着很高的物质待遇。如果武卒立了军功，将获得职位上的提升，物质待遇也将随之提高。这样的制度使得军队的建设非常成功，魏国后来的军队建设制度和军功贵族制度由此渐渐形成。

同时，备受重用的李悝在农业方面进行了改革，他采取因地制宜、精耕细作的农业生产方式，将发展农副业方面的有效经验加以推广，对魏国的田地和山川等进行了有效利用，使得魏国耕地平均亩产量和土地的利用率大大提高。借助平籴法的实行，李悝使魏国国内的粮价得到了平衡，国民能够买得起粮食，也就不用再过食不果腹的生活了。由此，魏国社会逐渐稳定。为了使国人的行为有法可依，李悝还颁布了一系列法律条文，后来，这些法律也被秦献公、秦孝公和商鞅采用，影响了中国两千多年。

为了充实国库，魏文侯还鼓励魏国百姓从事土特产出口贸易等商业活动。三家分晋后，魏国花了大量的时间和精力积蓄国内实力。而赵国和韩国经过一段时间的简单休整后，迫于国内形势的需要，却早早地将注意力放到国外。这时，魏国国内的各种改革大体已经完成，正准备向外发展。

三晋联合，巧取豪夺

由于周边环境恶劣，为了避免遭到其他诸侯的群起围攻，魏文侯向韩、赵两国提出了互不侵扰、共谋发展的建议，韩武子和赵献侯对此都很赞成。此后，三家就暂停了相互的斗争，各自专心发展自己的势力。

经过仔细考虑，魏文侯决定向西面的秦国发起攻势。公元前419年，

少年读全景
资治通鉴故事 1

▶▶ 周纪·秦纪　　▶▶ 周纪　　▶▶ 魏文侯变法强国

▲（战国）马胄复原件

先秦时期尤重车兵，常用甲胄来装备骑兵和战马，马胄是作战时用来保护遮挡战马头部的面帘，是马甲装备中的一部分。这件复原的马胄用整块牛皮制作，眼、耳部位挖孔，眼眶、颊腮部位压印花纹，做工精美。

魏国军队向西渡过黄河，在少梁（今陕西韩城西南）建城，不断向秦国的军事据点发动进攻。两国的实力相距不大，数番交战下来，魏国始终不能有所突破。此时，在魏相国翟璜的推荐下，吴起受到了魏文侯的重用，成为进攻秦国的主将。

随即，魏、秦在河西的对峙僵局被吴起打破。魏军一改前态，不断取得胜利。公元前413年，魏军在吴起的统帅下突破了秦军的河西守军，直向渭河平原的战略要地——郑（今陕西华县）进击。秦国得知，上下震惊。魏军在郑取得大捷后，秦国河西防线的要地繁庞（今陕西韩城东南）也被魏太子乘隙击破。随着秦国河西防线被突破，魏军大部队进入秦国。与此同时，在魏国实行的各种政策也为吴起顺利进入河西地区，并得到河西百姓的支持打下了良好的基础。

到了公元前408年，河西地区已被完全纳入魏国版图，魏国的领土大为扩展。魏军并没有就此停下来，吴起又从北方少数民族的手中夺得许多土地，魏文侯在这些土地上设立了上郡。西部与中原的战略要地陕（今河南三门峡西）也被魏国占领。从此以后，魏国利用地理上的优势控制了秦国与中原诸国的交流，从中获利颇丰，而秦国则遭到了沉重打击。

壮大起来的魏国实力逐渐超过了赵、韩。在帮助赵、韩扩张的同时，魏国也不断从中获利。在助赵国灭掉中山国之时，魏国获得了北方的智地，使得当年赵襄子布置下的对魏国的威胁得以解除。公元前406年，训练有素的魏军在杰出将领乐羊的指挥下，经过三年的艰苦战斗，将中山国划归魏国，给赵国带来了很大威胁。由于楚国和宋国的帮助，韩国向南进攻郑国的计划屡屡受挫。在韩景侯的请求下，魏国出兵相助。此后，三晋同楚国多番交战，楚国连连败北。

后来，魏文侯打着驱除齐国在卫国势力的旗号，占领了齐、赵相争不已的漳水南岸之地，使得赵国在漳水南岸之地的多年辛苦付之东流。通过一系列明争暗夺，魏国国力获得了极大的提升。

尊儒，笼络士人

魏文侯进攻秦国时，除采取军事行动之外，还对秦国进行了文化上的渗透。秦人士兵的战斗力很强，用武力不容易使其屈服。可秦国向往中原文化，并因此改变了向西发展的战略，转而向东方的中原地区发展。魏文侯知晓此点，便任用当时的大儒子夏在西河讲学。

子夏是孔子的弟子，当时已近百岁。尽管平时注重保养身体，可年纪不饶人，双目已失明。他本有些不愿意去西河，可魏文侯看重他是各国读书人中的灵魂人物，便亲自前来拜他为老师，由此他成了"君王师"之名的第一个拥有者。子夏感于魏文侯的真诚，就决定亲到西河。这样一来，魏国西河地区就成了华夏文化的重心，在此，著名的西河学派得以形成。

作为一代宗师，子夏使秦、楚、赵这些地方文化占上风的国家受到中原文化的感化，同时也使得魏国成了中原地区的文化中心。子夏到西河后，各国士人纷至沓来。学成出师后，他们自然而然地留在魏国，并为之效力，大量的人才就这样聚于魏国。魏国能够强盛，子夏功不可没。

魏文侯拜子夏为师，将儒家的地位提得极高，由此获得了士人之心，魏文侯实为帝王中以尊儒笼络人心的第一人。魏国原本就有强大的军事实力，成为文化中心后，如虎添翼，因此得以在战国时期称霸百年。

▲（战国）玉耳金舟
舟是一种酒器，有的有盖，有的无盖，一般用金或玉制成。此器器身为金质，高6厘米，口径11.2至14.2厘米。器口呈椭圆形，卷沿，平底。两耳为玉质，断面方正，饰卷云纹。出土时，此舟内放置一件高1.5厘米、腹径2.7厘米的泥质灰黑陶制小盂。

周纪·秦纪　　　周纪　　　李克论相

周纪
李克论相

李克（前455~前395），战国初期著名的政治家、法学家。据《汉书》记载，他是子夏的弟子，曾得到魏文侯的重用，出任魏国之相。在任职期间，他进行了变法，使魏国的国家实力、军事实力都得到了很大提升。魏国能够迅速崛起为霸主，他功不可没。"居视其所亲，富视其所与，达视其所举，穷视其所不为，贫视其所不取"是他向魏文侯提出的选相五条标准，十分精辟，这些标准的主旨在于告诫士人要保持节操。

君臣对话论相

魏文侯是一个有道之君，他学识渊博且爱民如子，勤于政事。为了得到治国良方，曾在子夏处用心学习经书。他深知人才的重要，在位期间重用贤明之士，使得魏国国力大增，有了与诸国争霸的实力。

一天，魏文侯向时任中山令的李克征求选相的意见，他说："先生，您曾经说过，家中穷苦时，人就会考虑娶个贤妻以共操家事；国家混乱时，国君就会考虑得个良相以主持国事。魏国现在刚刚成立，急需一个贤明之相，我要在魏成子和翟璜之间选出一个人来担任此职，您看他们谁较为适合？"

李克说自己在朝廷外任职，不了解朝廷里的具体情况，不敢乱发表意见。但魏文侯坚持让他说说自己的看法。

李克说："应从五个方面来考察一个士人，'居视其所亲，富视其所与，达视其所举，穷视其所不为，贫视其所不取'。凭借这些原则就足够了。"这些话的意思就是说，考察一个士人，要看他平日与什么人亲近，富贵时与什么人交往，显达时推荐什么人，窘困时不干什么事，贫穷时不要什么东西。

这五条原则考察的重点是读书人能否保持操守，全面而具体，可以说是至理。

听了李克的回答，魏文侯豁然开朗，高兴地说："我明白您的意思了！先生，请先回去休息吧，我已经有主意了。"

李克答翟璜

从宫里出来时，李克碰巧遇见了翟璜，翟璜问他魏文侯定了谁为相。虽然刚才文侯没有说出

▶李克论相
李克是战国初期魏国著名的政治家、法学家，他在政治上提倡有赏有罚、唯才是用、富国强兵等政策。"李克论相"一事即阐明了李克的治国用人之道。

少年读全景
资治通鉴故事 1

▶▶ 周纪·秦纪　　▶▶ 周纪　　▶▶ 李克论相

最终的结果，可李克料定必是魏成子，就回答说："魏成子。"

翟璜听后十分不满，他觉得自己的功劳并不比魏成子少，便愤恨地说："使秦兵不敢向东的河西守令吴起是我推荐的；使主君担心的邺地得到大治的西门豹是我推荐的；使主君取中山国的愿望得偿的乐羊是我推荐的。我推荐了您，从而使中山有了合适的守卫者；我又推荐了屈侯鲋，从而使主君的儿子有了合适的老师。从众人皆知的这些事实来看，魏成子哪一点比我强？我为什么不能任相！"

李克气愤地回应道："主君刚才要在您和魏成子之间选相，让我提点意见，我就讲了考察人的五个标准。主君当时并没有说选定了谁，而我之所以认定是魏成子，是因为他拿自己十之九的俸禄为国家寻找贤才，得到了卜子夏、田子方、段干木三个人，他们都被主君奉为老师。可是你推荐的五个人，都只做了主君的下属。照此来看，您怎能和魏成子比呢？"

魏成子厚于养士，而俭于自用，那些自矜骄负的人根本不可与他相比，他确实是做宰相的适当人选。

翟璜听了李克的话后猛然醒悟，十分羞愧，他连退几步，不断地向李克行礼，说："我翟璜实在是无知，方才说了许多浑话！以后一定要向您学习。"

后来，魏文侯果然拜魏成子为相。

▼（战国）错金银虎噬鹿屏风台座
此器出土于战国时期中山国王"错"墓，长51厘米。通体为一身形强健的斑斓猛虎，挺首伸尾，利爪抓地，口吞幼鹿，一派威风凛凛的样子。猛虎口中的幼鹿无力挣扎，鹿头扭动回视，似在悲鸣，塑造得栩栩如生。从侧面看，此虎前身匍匐猎食，后臀支如钢架，长尾卷起，全身呈"S"形。从顶面俯视，虎身扭动成弧形，犹如一张拉紧的弓，显得刚劲有力。

| 周纪·秦纪 | 周纪 | 西门豹治邺 |

周纪

西门豹治邺

魏文侯在魏国漳水向南最凸出的地方建了邺地，给一直跃跃欲试想要南进中原的赵国当头一棒。但很快，他又开始为找谁来治理邺地犯了难。邺地是魏国抑制赵国南进中原、与魏国争势夺利的战略据点。所以，治理这个地方的人，必须得是一个出类拔萃、能独当一面的人物。后来，魏文侯终于听取翟璜的建议，选定了威名远扬的西门豹来担任邺地县令。西门豹不负所望，在邺地大力发展农业，短时间内就使这里民富兵强，成为战国时期魏国的东北重镇。

河伯娶妻

到了邺地，西门豹见此地人烟稀少，满目荒凉，就叫来当地百姓，询问这里为何如此萧条。

▲西门豹惩治巫婆
西门豹以向河神通报情况的名义，将巫婆扔下了河。这种以恶人的逻辑来惩治恶人的方法，使对方哑口无言。

百姓们告诉他说："我们这里有条河叫漳河，河中的水神叫河伯。巫婆说我们要想出入平安、年年有好收成，就必须每年给河伯娶一个媳妇。因此，官员和乡绅们就向我们收钱给河伯娶媳妇。他们每年收得数百万钱，可为河伯娶媳妇只用二三十万钱，剩下的他们就和巫婆平分了。巫婆得了钱后，就出来逐户查看，定下合意的女孩做河伯的新娘子。有钱人家花点钱就过去了，没钱的人家可就遭殃了。巫婆强行为选中的女孩沐浴更衣，并给她准备斋戒。到了规定的日子，他们就让女孩坐在一张苇席上，然后将席子放到水中，一会儿工夫，人和席就都沉下去了。为了避免被巫婆挑中，有年轻姑娘的人家大多带着女儿逃走了。这里的人口就这样逐渐少了，这个地方也变得越来越穷了。"

西门豹问："给河伯娶了媳妇，漳河就不发大水了吗？"

一个老人说："虽然还发，可巫婆说要是不给河伯娶媳妇，水会发得更大。"

西门豹说："这样看来，河伯是很灵验的啊！下次他娶媳妇时告诉我一声，我也去送送新娘子。"

到了河伯娶妻那天，地方大小官员、远近乡绅、邺地百姓都来参加河伯的娶妻典礼，西门豹也来到了河边。操办此事的大巫婆已经七十岁了，有十几个女弟子在后边跟着她。

西门豹说想看看河伯的新娘子，大巫婆就让女弟子将新娘子领来了。西门豹看了看说："不行，这姑娘长得丑。还请大巫婆去河里通知河伯一声，说得另找美女，后天给他送过去！"说完，西门豹就命武士把大巫婆扔进了河里。巫婆扑腾几下后就没了人影，水面也逐渐平静了下来。

等了一会儿，西门豹说："大巫婆怎么去了这么长时间还不回来？叫一个人去催催。"于是，又把巫婆的一个女弟子扔到了河里。投下三个女弟子后，还不见有人出来，西门豹说："女人不会办事，还是请收钱的乡绅们去一趟吧！"话音一落，早有几个武士上去，将那些与巫婆勾结行骗的乡绅像扔石头一样扔到了河里。围观的人都被这情形吓呆了，西门豹却神情自若。

▶▶ 周纪·秦纪　　▶▶ 周纪　　▶▶ 西门豹治邺

▲如今的漳河
漳河位于河北与河南两省之间，源出晋东南山地，分浊漳河与清漳河两支，在河北省西南部的合漳村汇合后称漳河。

过了一会儿，西门豹见河中还是没有动静，又想让一个乡绅去河里送信。这些借河伯娶妻的鬼话得了不少好处的官吏、乡绅见状，个个吓得面色苍白，全都跪下来使劲磕头，直磕得鲜血直流，恳求西门豹别把他们扔到河里。

西门豹这时才说："河里哪有什么河伯？大巫婆和你们以这名义害死了多少女子，得了多少不义之财！如今这些元凶都得了惩罚，以后谁再敢提为河伯娶妻，就叫他们到河里见河伯去！"

此后，邺地再也没有发生为河伯娶妻的事。逃到外地的邺地百姓听说了这件事后，纷纷回到邺地，邺地慢慢恢复了往日的繁华。

蓄积于民

解决了河伯娶妻之事后，西门豹开始对邺地进行治理。在他的领导下，邺地百姓开凿水渠，引水浇灌农田，邺地的经济逐渐发展起来。

在军事方面，西门豹的改革极具创意。他在邺地做县令期间，粮库没有粟菽，钱库没有金银，兵库也没有多余的武器。魏文侯得知此事非常惊讶，便亲自来到邺地视察。刚到邺地，魏文侯见到农田里一派欣欣向荣之景，可粮仓和府库却空空如也。魏文侯心中不悦，质问西门豹邺地为何如此"贫穷"。

西门豹气定神闲地答道："臣听说有作为的君主富民，求霸权的国君富武，而亡国之君才富官。我知道您想做一个民富兵强的君主，就采用了蓄积于民的策略。不过只凭言说难以让您相信，请准许我登楼擂鼓，您所要的兵士、粮草马上就会准备好。"魏文侯想看看西门豹说的是真是假，就让西门豹陪着一同上了城楼。

西门豹开始擂鼓。一通鼓后，只见邺城军民装备整齐来到城下列队待命；二通鼓后，一支车载人挑的运粮队伍已集合于城下。魏文侯见后欣喜不已，对西门豹说："收兵吧，我已经知道了！"

但西门豹却摇了摇头说道："我与百姓有约定，得讲信用。现在既然摇响了出征的战鼓，就不能无缘无故地解散集合起来的队伍，否则他们今后将不会听命于我了。"言毕，他神色凝重地向魏文侯请战："魏国的八座城池经常受到燕军的骚扰，臣请求向北进军，收复失地。"

得到魏文侯的同意后，西门豹带领将士向北攻燕，不久就收回了被燕国夺去的土地。

在西门豹的治理下，邺地成为魏国坚固的战略基地和东北屏障，在制约赵国方面作用巨大，为魏国的强盛奠定了基础。

▶▶ 周纪·秦纪　　▶▶ 周纪　　▶▶ 田氏代齐

周纪
田氏代齐

春秋初期，陈国发生内乱，陈国公子完到齐国避难，后改姓田。春秋中后期，田氏在齐国的势力渐渐壮大。公子完的后裔陈无宇采用广施恩惠的手段与齐国公室争夺民心，获得了许多民众的支持。此后，作为新兴地主阶级的代表，田氏家族与以国君为首的奴隶主贵族阶级不断进行斗争，并且渐占上风。公元前386年，田和位列诸侯，却继续使用齐国国号，从而使得姜姓齐国变成了田姓齐国，田氏代齐得以完成。三家分晋和田氏代齐是各国大夫专政夺权运动的高潮，他们的成果最终为周天子所认可。

"田乞为相，专齐政"

春秋末期，随着井田制的瓦解和土地私有制的产生，各国在政治上也发生了很大变动。由于长期的征战，多数诸侯国局势动荡，经济萧条，公室的权力不断式微。相反，各国卿大夫手中不但有大量土地，更握有国家的军政大权。这些卿大夫不但蚕食鲸吞国家财富，损公肥私，而且在政治上把持朝政，控制着君位的延承。韩、赵、魏三家分晋和田氏代齐，就是这种现象的代表。

田乞是陈无宇的儿子，又称陈乞，谥号为田僖子。与父亲一样，他也很受齐景公宠宠。为了能在诸侯中广结党羽，晋国发生内乱时，他劝说齐景公支持范氏和中行氏，齐景公让田乞给范氏、中行氏两家送了许多粮食以表支援。

齐景公在位五十多年，统治后期特别娇宠爱姜芮子生的儿子荼。公元前490年，景公在临死前将荼托付给齐相国惠子与高昭子，让他们立荼为太子，即齐晏孺子。为了防止其他公子争权，齐景公让国惠子与高昭子将其他公子转移到莱地居住，于是两人乘机逐走诸公子，公子嘉、公子驹、公子黔逃到卫国，公子阳生逃到鲁国。

田乞同国惠子、高昭子的嫌隙很深。因此，在国、高将要当政时，田氏家族表面上"伪事高、国者"，暗中却图谋推翻他们。田乞与公子阳生的关系比较好，他打算趁新君年幼初立、国内混乱之际，杀晏孺子而立阳生。为了实现夺权大计，田乞多方经营。他挑拨国、高与群臣的关系，但表面上却装作很关心两人的样子，对他们说群臣惧怕他们掌权，正在商议除掉他们，还告诫两人说应有所防备，最好能先发制人。国、高二人对他很是感激。

国、高是齐相，在朝堂上站立的位置与其他大夫不同，田乞说："这些图谋不轨的大臣见到我与二位亲近，势必要对我下手，我还是站在他们中间吧。"在大

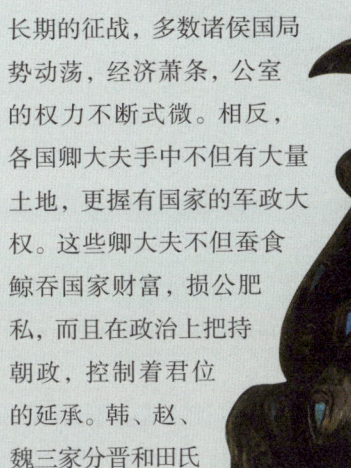

▶（战国）镶绿松石铜牛
此铜牛高9.7厘米，长14.5厘米。铜牛卧地，作回首顾盼状，四肢卷屈，短尾盘旋。铜牛通身镶满绿松石，做工极其精致。

少年读全景
资治通鉴故事 1

| 周纪·秦纪 | 周纪 | 田氏代齐 |

夫中，田乞又说国、高图谋赶走他们，劝他们先行发难。国、高二人专横，大夫们早对他们不满了，都很相信田乞的话。此后，田乞煽动鲍氏及诸大夫进攻晏孺子的宫殿，国、高救助失败后，分别逃到莒国与鲁国。没有了依靠的晏孺子只好束手就缚。之后，田乞派人迎回在鲁国的公子阳生，立阳生为君，是为齐悼公。

田乞先是将晏孺子迁到骀（今山东章丘西），并且捕杀他的党羽。后来又送他去骀（今山东临朐），路上将他杀死了。从这以后，田乞成为齐相，田氏家族开始在齐国专政。

田和取而代之

田乞死后，他的儿子田常（又称陈常，即田成子）接替父位。齐悼公四年（前485），吴国和鲁国进攻齐国，田常支持与齐悼公有隙的齐大夫鲍牧借机杀死悼公，立公子壬为君，即齐简公。田氏由此成为齐国最有权力的家族。田常延用父亲的"修公行赏"等利民政策，不断施惠于民，收服民心。

田常不愿意与齐简公的心腹监止分列左、右相。为了除掉监止，他于公元前481年发动政变，杀了监止和许多公族之人，齐简公逃到了舒州，田常派人追上他，将他杀了。之后，田常立公子骜为君，是为齐平公。作为相国的田常进一步揽集政权，使得齐君成了傀儡，田氏在实际上已取代了齐公族姜氏。

田常杀了齐简公后，孔子非常愤慨，说："唯名与器不可假人。"为了惩罚田常，孔子特意请求鲁哀公发兵。在朝见鲁哀公前，孔子做了举行大典时所需的准备：沐浴、更衣、整冠，但鲁哀公与季康子并不支持他。

田常也担心诸侯因此讨伐自己，为此，他先是将以前齐国侵占卫国、鲁国的土地悉数归还，然后向西对晋国的韩、赵、魏三家大夫示好，向南同吴、越两国亲善。至于国内，田常重整国政，赏功惩恶，同时除去了鲍氏、晏氏等势力强大的旧贵族。自此，齐国内外安定，逐步复兴。田氏家族专政于齐平公、宣公、康公三代。

齐宣公去世后，时任相国的田和（田常之曾孙）奉宣公的儿子贷为君，是为齐康公。公元前391年，田和移齐康公于临海的海岛上，用一个城池供奉他的衣食，让他主持对姜齐祖先的祭礼。

周安王于公元前386年同意封田和为齐侯，自此田氏在形式上取得了齐侯的合法地位。

公元前379年，齐康公去世，奉邑入于田氏，姜齐从此退出历史舞台，史称"田氏代齐"。

▲（战国）错金银铜杖首
此杖首上部是兽形抓手，下部是圆筒形銎，内安木柄，器形独特。杖首通体装饰错金银片，精美华丽。

周纪·秦纪　　　周纪　　　楚国吴起变法

楚国吴起变法

战国初期的楚国国内形势混乱，竟不可思议地发生了国君楚声王为"盗"所杀的事情。公元前401年，公子疑继承父位，是为楚悼王。国内形势不容乐观，国外形势也越来越不好，北方三晋逐步强大，渐渐威胁到楚国。就在此时，著名政治家吴起从魏国来到了楚国。他曾在魏国帮助李悝进行变法，而且在打击秦国方面功劳很大。楚悼王久闻吴起的大名，任他为令尹，让他主持变法。当时，中原诸国在完成改革后，又重新投入了战争。但与春秋时期不同的是，此时各国的主要目标是攻城略地而非称霸逞威，由此，他们之间的战争具备了封建兼并战争的性质。

吴起其人

吴起是卫国左氏（今山东定陶西）人，生年不详，卒于公元前381年。年轻时，吴起外出游学求仕，散尽家财却终未成功，为邻居所嘲笑。一怒之下，他杀掉嘲笑者三十多人后逃到鲁国，在孔子弟子曾参之子曾申门下修习儒学。

数年后，得知母亲去世，吴起觉得自己还没有实现理想，就没有回去参加葬礼。曾申看重孝心，很不满意吴起的行为，就将他赶出了师门。于是，吴起又改学兵法。后来，他在鲁国当了大夫，娶齐女为妻。齐国攻打鲁国时，为得到鲁国国君的信任，他"杀妻求将"，带兵打败了齐国，崭露头角。立下功劳的吴起因杀妻受到了旁人的诋毁，鲁君罢用了他。

吴起听说魏文侯是个贤君，正任用李悝变法，在各行各业都急需人才，就来到了魏国。

到魏国后，吴起被重用为大将，驻守河西地区，还与李悝等人一同主持魏国的变法，在政治、经济、军事方面进行改革。

在军事改革和实践方面，吴起的改革成果十分显著。他训练兵士非常严格，且十分有方法，创立了武卒制。吴起的思想兼容儒、兵、法各家之长，他主张为政应该"内修文德，外治武备"。

在吴起的主持下，魏国"治百官，亲万民，实府库"，大大地增强了国家实力，使秦国不敢向东发展，韩、赵两国不得不"宾从"于魏。吴起对魏国的振兴起了重大作用。

公元前396年，魏文侯去世后，吴起继续留在魏国，辅佐继任的魏武侯。约在公元前387年，由于大臣王错的排斥，吴起不得已去魏至楚。

吴起在魏国的成就有目共睹，到楚国后被楚

▼吴起像
吴起是战国初期著名的政治改革家、军事家，著有与《孙子兵法》齐名的《吴子兵法》一书。

悼王重用为宛（今河南南阳）守，抵挡韩、魏两国。后来楚悼王任吴起为令尹，令其主持变法。

"损其有余而继其不足"

吴起在楚国变法的主导思想是"损其有余而继其不足"，即拿部分旧贵族的"有余"来补军政费用的"不足"。他认为是"大臣太重，封君太众"造成了楚国国力衰弱。他主张对这些贵族开刀，规定在三世之后，向他们的子孙收回爵禄；减少官吏的俸禄，免"无能""无用"之官，裁"不急"之官，而将节俭下来的费用用以奉养"选练之士"。"损其有余而继其不足"的另一个方面是，根据楚国地广人稀的特点，把一部分百姓迁往人烟稀少之处定居。

这些措施改变了楚国国家机构的臃肿之态，增强了军队的实力，废除了一些世袭封臣的权利，给旧贵族势力以沉重的打击，也很有效地开发了荒远之地。

整顿楚国吏治

为了整顿吏治，纠正楚国官场的不良风气，吴起提出了三个主张。其一，"使私不害公，谗不蔽忠，言不取苟合，行不取苟容，行义不顾毁誉"，即要求公私分明，言行端正，不能以私害公，不能进谗害贤，不能苟合取悦。其二，"塞私门之请，一楚国之俗"，即禁止私下请托。其三，"破横散从（纵），使驰说之士无所开其口"，即禁止纵横家增强。

吴起改革了"鄢人以两版垣（用夹板填土筑墙）"的建筑方法，用改革后的技术建设国都郢，使其防御能力大大增强。

吴起变法使楚国繁荣起来。在他的主持下，

楚国"南平百越，北并陈蔡，却三晋，西伐秦"，扩展了南部疆域，还数次成功地攻击魏国、救援赵国，使各国为之震动。

功败垂成，身死人手

吴起在楚国变法的目的是富国强兵。这个目的主要是通过取消世袭爵禄、任贤使能等措施来实现的。

随着变法的顺利进行，楚国呈现出欣欣向荣之态。然而在公元前381年，楚悼王不幸病逝，楚国的变法改革受挫。

由于吴起的变法损害了楚国旧贵族的利益，楚国的贵戚大臣在楚悼王的灵堂上发起暴乱，为了杀死吴起，他们不惜冒死向伏在楚悼王尸体上的吴起射箭。吴起被乱箭射死了，贵戚们的箭也射中了楚悼王的尸体。在楚国，"丽兵于王尸者，尽加重罪，逮三族"，所以在埋葬了楚悼王之后，楚肃王刚一即位，就派令尹彻查此事，最终有

▶（战国）彩绘龙纹盖豆
此豆出土于湖北随州曾侯乙墓，高28.3厘米，制于战国早期。这一时期的楚国漆器多以仿造青铜器的风格出现。此漆豆的盖面饰有浮雕龙纹，双耳由浮雕的龙组成兽面形象。器身彩绘云纹和变异凤纹。

少年读全景
资治通鉴故事 1

▶▶ 周纪·秦纪　　▶▶ 周纪　　▶▶ 楚国吴起变法

▲（战国）料珠

料器原称琉璃，是早期的玻璃，而料珠则是料器的一种，一般用来装饰器物，在玉饰组佩中往往编缀料珠，以增加美感。

七十多家被夷族。

吴起的变法在楚国持续时间不长，效果不是很明显。吴起死后，楚国虽为七雄之一，也出现过扬威诸国之时，但昭、景、屈三家始终把持着楚国的军政大权，使得楚国的政治十分腐败。

总体看来，楚国一直在走下坡路，直至灭亡。因此韩非子说："楚不用吴起而削乱，秦行商君法而富强。"

吴起是军政奇才。在军事上，他既善于用兵又有精深的军事理论，在历史上同孙武齐名，后世论兵皆称"孙吴"；在政治上，吴起同商鞅齐名。在鲁、魏、楚三国出将入相，展示出了卓绝的军事、政治才能。吴起军纪严明，且能与士卒同甘共苦，因此深得军心。然而，他为了显达而不奔母丧、为了求名而不惜杀妻的做法，一直为人所不齿。

历史百科 //《吴子兵法》//

吴起在从政、治军方面积累了许多经验，他从这些经验中提炼总结出了一套军事理论，写成了《吴子兵法》一书。《汉书·艺文志》中著录《吴子兵法》有四十八篇，目前已佚。今本《吴子兵法》仅存《图国》《料敌》《治兵》《论将》《应变》《励士》六篇。

吴起主要的军事思想是"内修文德，外治武备"，他主张增强国家的军事实力，同时强调协调好国家与军队的内部关系，认为只有这样才可以兴兵扬威。孙武"知己知彼，百战不殆"的思想为吴起所继承，吴起在《料敌》篇中强调了察悉敌情的重要意义；在《应变》篇中论述了突遇劲敌时的应急战法和取胜策略；《治兵》《论将》和《励士》三篇主要论述了他的治军思想，他认为军队能够打胜仗，不仅仅是依靠数量上的优势，更重要的是要依靠军队的整体素质。

《吴子兵法》在我国古代军事史上占有重要地位，与《孙子兵法》合称"孙吴兵法"。

| 周纪·秦纪 | 周纪 | 商鞅变法 |

周纪

商鞅变法

春秋时期，地处西隅的秦国是一个不为人注意的落后国家，在社会经济方面根本无法与中原大国相比。直至公元前408年，秦国才实行"初租禾"，这落后于鲁国的"初税亩"一百八十六年。秦孝公于公元前361年继位，此时秦国不但不为各诸侯国重视，连权力丧失殆尽的周天子也对其不屑一顾。秦孝公愤然大呼"诸侯卑秦，丑莫大焉"。他发布求贤令，得到了商鞅，便任用商鞅为左庶长主持变法，从此秦国逐步走向了富强。商鞅变法是秦国一次彻底的社会变革，世袭特权被取消，取而代之的是按军功授爵禄。公元前350年，秦孝公迁都咸阳，此后的秦国逐渐强大，为以后灭六国打下了基础。

治世不一道，便国不法古

公元前361年，秦孝公即位，为了富国强兵，他准备变法改革。秦孝公发布了求贤令，承诺无论是哪国人，只要能让秦国富强，就给予厚赏。商鞅得知秦孝公求贤的消息，来到了秦国，受到秦孝公重用，开始在秦国实行变法。

商鞅（约前390~前338），原姓公孙，是卫国的一个失势贵族，因此又称卫鞅，后来他被封于商（今陕西商洛商州），后人就称

▶商鞅像
商鞅是战国时期法家的主要代表人物。商鞅相秦期间，执法不避权贵，引起一些贵族的怨恨。所以，秦孝公一死，商鞅就受到诬告，最后被以谋反罪处以车裂之刑。

他为商鞅。商鞅自小喜好刑名之学，长大后专门研究如何用法律治国，李悝、吴起等人对他产生了很大影响。

卫国弱小，商鞅觉得在此施展不了自己的才能，就去了魏国，给魏国宰相公叔痤做家臣。公叔痤病重时，对魏惠王说商鞅足以为相。公叔痤还告诉魏王，若不任用商鞅就将商鞅杀了，以防他为别国效力，但魏惠王不以为然。公叔痤死后，魏惠王既没重用商鞅也没杀他，商鞅得不到魏王的赏识，心中十分郁闷。正在此时，他得知秦孝公求贤的消息，于是便带着李悝的《法经》赶到秦国。

在秦孝公面前，商鞅侃侃而谈，他说："国家要富强，就该努力发展农业，这样才能有足够的军粮。加紧训练军队的同时，还要赏罚严明，给勤劳有功的农民或将士以赏赐，给懒惰怕死之人以惩罚。赏罚已行，朝廷有了威信，才能进行顺利的改革，求取富强之道。"秦孝公听了十分赞赏。

不过，想让变法顺利进行，商鞅还得说服那些贵族大臣。秦孝公就将许多大臣聚在一起讨论变法的利弊。大臣甘龙是反对派的领袖。他对秦孝公说："祖宗传下了制度和礼法，如今在朝为官的和在野为民的人都已习惯了。若变动了，定会造成大乱。"

商鞅反驳说："治世不一道，便国不法古。自古至今没有不变化的礼和法。秦国现在的旧礼、旧法能让秦国富强吗？我们的目的是让秦国富强，只要能实现这个目标，对旧礼、旧法进行改革有什么不对？"

接着，商鞅又举了古今许多事例来说

▶▶ 周纪·秦纪　　▶▶ 周纪　　▶▶ 商鞅变法

明变法的必要性，反对者个个无言以对。

听了商鞅的辩驳，秦孝公非常高兴，也更坚定了变法的决心，便拜商鞅为左庶长，准备变法。

南门立木，取信于民

公元前356年，商鞅经过长期的准备，制定出了变法革新的一系列法令，不过并没有立刻颁布。

商鞅知道，只有先取信于民，此后的新法令才能顺利执行。于是，商鞅命人在都城南门外立了一根三丈多长的木头，并在木头旁边张贴告示说："将此木扛至北门者赏十金。"

人们都感到好奇，不多时，木头旁就聚集了一大堆人，他们对此事议论纷纷，不相信天下会有这样的好事，谁也没有上去扛那根木头。

商鞅听说没人响应，就将赏金升至五十金，人群中的议论声更大了。就在围观者胡乱猜测之时，一个壮汉走出人群，说："我来试试。"说完，他扛了木头就走。

看热闹的人跟着他一路走到了北门，见左庶长商鞅早已在那儿等候。商鞅立刻派人过来传话说："好！你相信且肯执行我的命令，应该得到奖赏。"于是将五十金赏给这个壮汉。

这件事迅速传开了，百姓们都知道左庶长商鞅是个言出必行之人。

商鞅变法，秦国大治

商鞅觉得时机已经成熟，就将新法令颁布。新法令赏罚严明，包括奖励耕织，奖励军功，实行连坐等。变法顺利实施后，秦国渐渐强盛起来。公元前350年，商鞅进行了第二次变法，主要内容为：废井田，开阡陌；加强王权，实行郡县

▲（战国）商鞅量
商鞅量是战国时期秦国的标准量器，又称商鞅方升。商鞅量是秦孝公时由商鞅制定的标准量器，因以得名。

制，将全国分为约三十个县，由中央直接委派县令管理；迁都咸阳，以方便向中原扩张。

商鞅的这些变革法令触犯了旧贵族的利益，这些贵族暗中勾结太子的师傅公子虔和公孙贾，让他们怂恿太子犯法，给商鞅出难题。商鞅知道后决定按律行事，但因为不便处罚太子，就在秦孝公的支持下，依据新法削了公子虔的鼻子，在公孙贾的脸上刺了字。此后，再也没有人敢公开反对新法了，但此事也给商鞅种下了祸根。

新法实施十年后，秦国的实力大大增强。秦孝公也真切体会到了变法给秦国带来的变化，此后更加信任商鞅。为了奖励商鞅，秦孝公将商地封赏给商鞅，这就是"商鞅"之名的由来。

与此同时，实力大增的秦国也得到了各诸侯国的尊敬。有一年秦孝公做寿，周天子特地派人送礼物过来，封秦孝公为方伯，中原诸国也纷纷前来称贺，借以向秦国示好。

公元前338年，秦孝公病故，太子即位，并于公元前324年称王，是为秦惠文王。秦惠文王恨商鞅当初对自己的老师施刑，刚即位就以莫须有之罪名捉拿他。因为怕遭商鞅新法中的"连坐之罪"，无人敢收留商鞅。商鞅"作法自毙"，只得仰天长叹。他被杀死后，尸身被运回咸阳受车裂之刑。

商鞅虽死，但他的新法在秦国已深入人心。商鞅的变法为秦国的富强打下了坚实的基础，为秦国以后统一六国积蓄了实力。

少年读全景 资治通鉴故事 1

▶▶ 周纪·秦纪　▶▶ 周纪　▶▶ 孙庞斗智

周纪
孙庞斗智

孙膑，战国中期齐国人，中国古代著名军事家。其本名不传，因受过膑刑，故称孙膑。庞涓，战国中期魏国人，为魏国著名将领。二者本同在鬼谷子门下学习兵法，结果却反目成仇。先是效力于魏王的庞涓设计害孙膑遭受大刑，半身残废。后来，孙膑得到了齐王的重用。于是，二人开始借两国交战之机互相争斗。最后，庞涓在马陵之战中败于孙膑之手，拔剑自刎。当时，七雄纷争，都想一统天下，其中魏国实力强劲，位居七雄之首。而齐国在齐威王的治理之下迅速振兴，开始与魏国争夺霸主之位。孙庞斗智就是在这样的背景下展开的。

同窗好友

孙膑是著名军事家孙武之后。他从小就失去双亲，生活贫苦，长大后拜鬼谷子为师，研习《孙子兵法》，表现出了惊人的天赋。庞涓是孙膑的师弟，军事才能比孙膑逊色，但为人阴险狡猾。

在鬼谷子门下学习时，庞涓见孙膑才能强过自己，心里十分嫉妒，可表面上却对孙膑很友好。孙膑从小没有亲人，就把庞涓看成自己的亲兄弟。几年后，两人的学问和才能都大有长进。当时，魏惠王见商鞅变法让秦国国力大增，也想招揽人才来辅佐他治理魏国。于是，魏惠王向天下发出布告，表示愿出千金以求贤才。庞涓本是魏国人，见有此机会，就有意前去投效。

▲孙膑像
孙膑是春秋末年大军事家孙武的后人，早年曾与庞涓同门学习兵法。后来，庞涓嫉妒其才能，把他骗到魏国处以膑刑，故称孙膑。

孙膑知道后，很支持他的选择。庞涓假意邀他同去，但孙膑说自己兵法学得还不够精熟，想再多学些日子。

庞涓得志

庞涓来到魏国，见了魏惠王，魏惠王便考验他的才能。庞涓在鬼谷子那里学到了很多东西，他对魏惠王的问话对答如流，对兵法、韬略侃侃而谈。魏惠王听了十分信服，于是就拜庞涓为将。从此，庞涓开始精心训练将士，排练阵式。没过多久，他率兵攻打附近小国，接连获胜，以致宋、鲁、卫、郑的君主都表示愿意归附魏国。

后来，庞涓还打败了魏国的劲敌——齐国，一时间，魏国上下都觉得庞涓十分了不起。庞涓自己也非常骄傲，觉得自己功勋卓著，才能了得，天下无人能敌。

嫉贤妒能，陷害孙膑

庞涓虽然自恃才高，洋洋自得，但他有一个心结——孙膑，因为孙膑的才能比他更高。每每想到这一点，他心中充满嫉妒。庞涓很担心孙膑效力于别的国家，到时两国交战，自己一定会成为孙膑的手下败将，被人耻笑。于是他向魏惠王举荐了孙膑。表面上是履行昔日诺言，其实是想找个机会除掉这个心头之患。

魏惠王对孙膑的名声有所耳闻，又见是庞涓推荐，就同意起用孙膑。孙膑也很高兴能和师弟共事，就来到了魏国。

庞涓怕时间久了，孙膑会被魏王重用，从而取代自己的地位，于是他很快就开始实施迫害计划。庞涓命人以孙膑家人的名义写了封信，然后以此为证据在魏惠王面前说孙膑暗中为齐国效力。孙膑初来乍到，尚未取得魏王的信任，魏王轻易地就相信了庞涓的话。魏王非常生气，要对孙膑处以死刑。庞涓想得到孙膑平生所学兵法，就以孙膑师弟的身份请求魏王饶他死罪。最后，魏惠王对孙膑处以膑刑，并且在他脸上刺上犯人标记，用墨涂黑。可怜的孙膑遭此大刑，几乎变成了一个废人。

然后，庞涓虚情假意地把孙膑接到自己家治疗、养伤。孙膑当时不知内情，对庞涓感激不尽，便决定以《孙子兵法》十三篇相授，以答谢庞涓。

▲孙膑书屋
孙膑书屋在孙膑书院内。孙膑书院也称九仙书院、靴谷书院，坐落在九仙山内，始建年代已不可考。相传此书院为齐国军事家孙膑聚徒讲学之处。

眼看庞涓阴谋就要得逞，有个负责监视孙膑的奴仆实在看不下去，就把事情的原委告诉了孙膑。孙膑这才知道昔日的师弟原来是个心狠手辣的小人，心中涌起无限的悲愤和仇恨。

装疯卖傻保性命

孙膑毕竟是个机敏的人。他想到自己如今半身残废，若和庞涓撕破脸面，定会被庞涓害死。于是，他只好将仇恨深埋心底，表面上装作若无其事，应酬庞涓，暗中寻找逃走的机会。

有一天，负责监视孙膑的人看见孙膑把刚刚写出的几篇兵法一点一点地投进了火里，而且哭笑无常，自言自语，像是疯了一样，便连忙把这件事报告给庞涓。庞涓立刻赶来，见孙膑一脸污秽，衣衫不整，满口疯言疯语。庞涓怕其中有诈，便命令手下把孙膑拖到猪圈里，看他有什么反应。孙膑竟然若无其事地躺在肮脏且充满恶臭的猪粪中。

即便这样，庞涓还是心存怀疑，便让手下继续监视孙膑。庞涓手下的人觉得孙膑肯定是疯了，就没有用心去看管他。此后，孙膑继续装疯卖傻，庞涓这才相信孙膑是真的疯了。

于是，孙膑开始悄悄寻找逃走的时机。一天，他听人说齐国派人出使魏都大梁（今河南开封），就躲开庞涓的耳目，偷偷地去见齐使。齐国使臣和孙膑交谈一番，见他谈吐不凡，对他很是欣赏，就答应把他带到齐国。后来，孙膑就藏在使者的车中，逃到齐国去了。

孙膑隐居在齐国，暗暗为日后报此深仇大恨做准备。他仔细地研究了当时的政治局势，尤其是对齐魏两国对峙的形势做了深刻的分析。

后来，齐魏之间的战争轰轰烈烈地展开了，孙膑指挥军队在桂陵、马陵大战中两次打败庞涓，一雪前耻。

少年读全景
资治通鉴故事 1

▶▶ 周纪·秦纪　　▶▶ 周纪　　▶▶ 田忌赛马

周纪
田忌赛马

田忌，字子期，因被封于徐州（今山东滕州），故还称徐州子期。他主要活动于战国初期和中期，是齐国著名的将领。他非常欣赏孙膑的军事才华，在赛马场上将孙膑推荐给了齐威王。后来，孙膑被任命为田忌的军师，二人通力合作，成功地完成了针对魏国的桂陵、马陵两次大战，给魏国以重创，使其丧失了霸主地位，而且从此一蹶不振。马陵之战过后两年，田忌因为与相国邹忌产生矛盾而离开齐国，逃至楚国。后来齐宣王登基，田忌才重回齐国，再当大将。

君臣赛马，先败后胜

齐国使臣救出孙膑后，把他带到齐国国都，推荐到齐国大将军田忌门下。田忌对孙膑的才能钦佩不已，也对他遭受的苦难抱以深深的同情。他将孙膑招为宾客，对他礼遇有加，十分重视他的意见。

当时，齐国的王室贵族喜欢玩一种赛马游戏。君臣上下，常常在赛马中赌以重金，以之为乐。田忌经常参与这种游戏，但他总是输的多，赢的少。尤其是和齐威王的比赛，他几乎从来没有赢过。他认为那是因为齐威王的马匹都比他的好。

有一次，田忌赛马又输了，心情沮丧地回到了家。孙膑见了，就对他说："下次赛马也带我去瞧瞧，看看我能不能帮上忙。"又一次赛马时，田忌把孙膑带到了赛马场。孙膑虽然不熟悉赛马，但他很快发现，赛场上的马按照奔跑速度的快慢分成

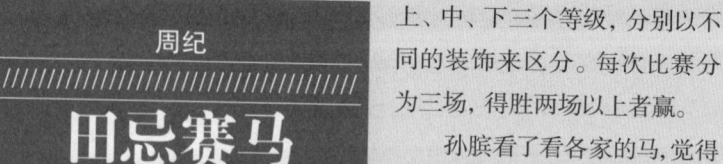

▲（战国）圆雕玉马
此玉马高5.7厘米，为罕见的战国玉马精品。战国时，玉器加工出现了圆雕手法，这种手法使玉马线条圆润自然，生动形象。

上、中、下三个等级，分别以不同的装饰来区分。每次比赛分为三场，得胜两场以上者赢。

孙膑看了看各家的马，觉得田忌的马并不特别逊色。略微思索了一下，他对田忌说："下一轮赛马，我保证可以让您取胜，您大可以多下些赌金。"田忌不相信地看了看孙膑，说："你的意思是你能帮我找来好马？"

孙膑说："不，就用您现在的马。"田忌说："那怎么可能赢！"孙膑信心百倍地说："您只要照我说的做，就一定能赢。"

于是，田忌邀齐威王再赛一轮。齐威王次次取胜，兴头正高，答应得十分爽快。但让齐威王奇怪的是，这回田忌竟然下了高额赌注。齐威王当然也不示弱，也加大了赌金。

比赛开始了。齐威王轻松地赢得第一场，自以为胜利在望，非常得意。没想到局势扭转，接下来的两场他都输给了田忌。最终，田忌赢得了这一轮比赛。齐威王大吃一惊，感到很奇怪，不明白田忌什么时候换了这些好马。

道出输赢奥秘

田忌告诉齐威王，马还是原来的马，变的是应战的策略。第一场，田忌是用下等马与齐威王的上等马进行比赛，自然是输。第二、第三场用

少年读全景
资治通鉴故事 1

▶▶ 周纪·秦纪　　▶▶ 周纪　　▶▶ 田忌赛马

上等马对中等马、中等马对下等马，所以两场皆胜，从而赢得了比赛。齐威王对这一策略十分佩服。田忌说，这是他门下宾客孙膑想出的计谋。

齐威王立即召见孙膑，两人交谈良久。孙膑向齐威王讲道，两方相争，战略安排非常重要。如果实力与对方相差不多，战略安排得当才可以打败对方；如果实力比对方差，战略安排得当便可以避免巨大的损失，甚至可以以弱胜强。赛马和作战的道理均是如此。

这里孙膑分析的是赛马，但所讲出的道理其实是一条在军事上可以大加利用的规律。两军对垒时，应该着眼于整体上的胜利来部署全部兵力，安排整个战略，必要时，可以做出局部的牺牲以换取全局的胜利。成功地实施这一战略，可以取得良好的效果。

齐威王听后大受启发，提出要重用孙膑。孙膑却没有接受，他说："我没为齐国做过什么事，受不起您如此厚待。而且我也不想身居如此显赫的位置，以致向庞涓暴露了自己的行踪。我还想继续养精蓄锐。待时机成熟时，我再为主公效犬马之劳。"齐威王同意了他的请求。

几年后，时机来临，孙膑被齐威王任命为军师，协助田忌出兵攻打魏国，孙膑以出色的谋略助齐军大获全胜。齐国国势更加强盛。

▼（战国）兽面纹玉琮
玉琮是古代社会的一种法器。高级贵族以玉器陪葬，是希望借玉的灵气来保持墓主身体不朽，而以玉琮随葬则是希望墓主有与天地交往的能力。此玉琮高5.4厘米，直径6.6厘米，雕工精细。

少年读全景
资治通鉴故事 1

周纪·秦纪　　周纪　　围魏救赵

周纪

围魏救赵

公元前354年，魏惠王以庞涓为大将，率兵讨伐赵国。赵都邯郸被围。赵国军民殊死抵抗一年有余，实在招架不住了，只好向齐国求援。公元前353年，齐威王命田忌为大将、孙膑为军师，率兵前去救赵。孙膑审时度势，见魏军主力都在赵国，而国中防备空虚，就围攻魏国国都大梁，迫使庞涓撤兵回救本国。猝不及防的魏军在回行途中，于桂陵遭遇齐军埋伏而溃败，史称桂陵之战。"围魏救赵"是中国古代历史上著名的避实就虚的战例，后来被列入三十六计，至今仍启发着人们。

蓄而不发，一石三鸟

公元前354年，魏国兴兵伐赵。大将庞涓率领八万精兵攻打赵国国都邯郸。到第二年，赵国实在抵挡不住，就向齐国求助。

齐威王接到赵国的求援书信后，召集诸位大臣前来会商。大将段干朋建议先派一支小部队前去攻打襄陵（今河南睢县），这样既让魏国受到牵绊而不能全力攻赵，同时也做出了救赵的姿态。主力则按兵不动，静观魏、赵两国交战。等到魏军攻下邯郸，赵国危亡、魏军也疲敝的时候，再派主力攻打魏军。段干朋提出的这个策略可谓是一石三鸟：既限制了魏军，使它陷入两面受敌的境况；又表示了救赵之意，维护了名声，也维护了与赵国的关系；此外，还让魏、赵两国互相削弱，为后来齐国打败魏国、挟制赵国做了准备。

齐威王一听，觉得很妙，便决定采用这一计谋。于是，齐威王派出一部分兵力联合宋、卫去攻打襄陵，让主力备战待命。后来，眼看着邯郸就要被魏军攻破，赵、魏双方几乎都已筋疲力尽时，齐威王觉得机会已到，就派出以田忌做主将、孙膑任军师的主力部队前去救赵。

出兵救赵，齐、魏交锋

田忌作战勇猛，但不善运用计谋。接到齐威王的命令之后，他就想快马加鞭直接奔赴邯郸。孙膑见状，对他说："您想一想，如果要分开两个打得正厉害的人，应该怎么办？自己加入进去帮一方打另一方，这不是明智之举。最省力的方法是趁双方互施拳脚、腹部无所防备之机，一拳打

◀ 围魏救赵
公元前354年，魏国军队围攻赵国都城邯郸。次年，齐国应赵国的求救，派田忌为将，孙膑为军师，率兵八万救赵。孙膑用围攻魏国都城大梁的方法，迫使魏国撤回攻赵主力部队而使赵国得救。历史上称之为"围魏救赵"。经此一战，孙膑名显天下。

周纪·秦纪　　周纪　　围魏救赵

在其中一位的腹部,这样他就会立刻停下拳脚用手去捂肚子,两人就打不下去了。我们现在解赵之围也是这样的道理。与魏国正面交锋,不管准备得如何充分,都会损失兵马。我们应该'批亢捣虚',即避开正面,攻其不备。现在魏军主力远在邯郸,国内防备很弱,如果我们攻打魏国的国都大梁,魏军肯定会撤兵回来救大梁。我们可以在他们回来的路上设下埋伏。魏军长途远奔,又是久战之后,必定疲惫不堪。此战我们可谓胜券在握,损失也不会很大。"

田忌按孙膑所言去做,率领齐军主力向魏国国都大梁进发。

桂陵之战,庞涓中计

田忌、孙膑没有率齐军主力直接奔赴大梁,而是逼近大梁东面的军事重镇平陵(今山东定陶东北)。平陵是易守难攻之地,齐军远道而来,如屯兵于此坚城之下太久,必然对齐军十分不利。孙膑此举是为了让庞涓误以为齐军指挥水平低劣,漏洞百出,从而产生轻敌之意。

然后,孙膑假装攻打平陵,故意兵败而走。庞涓由此更不把齐军放在眼里,继续攻打邯郸。几经交战,魏军虽攻下邯郸,却早已兵疲马倦。孙膑建议田忌立刻率军攻打大梁。齐军兵临魏都城下,魏惠王命庞涓火速率兵回救大梁。

庞涓认为齐军不堪一击,不妨趁此机会歼灭他们,那样的话,就能齐、赵两国兼收了。于是他留下少量兵力驻守邯郸,率大部队连夜赶回魏国。庞涓雄心虽大,但将士们早已疲惫不堪。齐军事先埋伏在他们的必经之地桂陵(今河南长垣西北)。两军遭遇,一边是准备充分、精力充沛、士气旺盛的齐军,一边是久战之后又经历了长途跋涉的魏军。双方交战结果不言而喻。魏军被打得落花流水,损失惨重,庞涓被俘。后来魏国归还赵国邯郸,齐国将庞涓释放回国。

这就是桂陵之战,是战国时期齐国崛起后取得的首次大捷,也是历史上十分重要的一次战役。

孙膑在此战中崭露头角,他所实行的避实击虚、攻其要害等战术,被人们称为"围魏救赵之计",为后世军事家所称赞。孙膑和他的兵法也由此声名远播,流传千古。

▶ (战国)矛头铜狼牙棒
此器长32厘米,为矛头与狼牙棒合铸一体。棒作八棱形,表面铸有排列整齐的锥刺。棒前端另铸矛头,矛下有鼓形座。这类狼牙棒除可以用来击打外,还可用于刺杀。此类战国兵器甚为少见。

历史百科 //指南针的发明//

早在春秋时期,我国劳动人民就在采矿和冶炼过程中发现并了解了磁石的性质。到了战国时期,已经有人利用磁石制成可辨方向的工具,这种工具被称为司南。司南是将磨成水勺状的磁石放置在一个方形盘上,再根据水勺柄指示的方向辨认出南方。

北宋末年(11世纪),人工磁石开始出现。于是,人们又发明了由磁钢片制成、放在水中就能辨别方向的指南鱼。

后来,经过不断摸索、改良,人们又将指南鱼中的磁钢片改为两端能分别指示出南极、北极的磁钢针,由此,指南针问世。北宋时期著名的科学家沈括曾科学地说明了指南针的制作工艺和使用方法。

直到三百多年后,中国人的这项伟大发明才传入欧洲,并得到了广泛使用。

少年读全景
资治通鉴故事 1

▶▶ 周纪·秦纪　　▶▶ 周纪　　▶▶ 申不害改革

周纪
申不害改革

申不害，又称申子，战国时期著名的思想家和改革家，是法家思想的代表人物之一。他所学很杂，以"术"著称。玩弄权术的人早已有之，但他是第一个从理论上对权术进行系统研究的人：与他基本同时期的慎到重"势"，商鞅重"法"，而二者的理论中皆含有"术"的因素。另外，管仲、李悝也很注重"术"。申不害对这些人的思想进行了深入研究并作了汇总，终成大器，并著有《申子》（已佚）。他的理论能指导官场上的政治斗争，所以深为历代统治者所称道。凭着出色的统治之"术"，他在韩国担任相国十几年，实施了一系列改革，使韩国逐渐走向了富强。

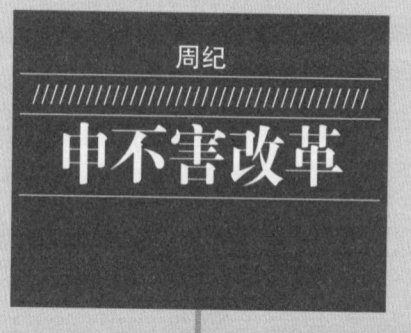

讲究统治之"术"

其实，韩国在申不害为相前也进行过政治改革，不过并未深入，一些贵族官吏趁此机会浑水摸鱼，各自为政，使得国家更加衰弱，政治更加腐化，人民更加贫穷。为了补偏救弊，申不害提议以法治国，进一步进行改革。他对道家的"君人南面之术"进行了改造，得出了驾驭君臣、考察官员的一整套"术"治策略，他建议君主应该注重统治之"术"。

申不害的哲学思想主要侧重于君主哲学和政治哲学，并将其作为他的政治思想基础。他的哲学思想主要受到道家思想的影响，很巧妙地将道家的"无为"运用于君王的权术之中。他

牛刀初试功始成

申不害本是郑国京邑（今河南荥阳）人，起初在郑国担任小吏。公元前375年，韩哀侯举兵灭了郑国，申不害就成了韩人，并做了韩国的低级官员。

后来即位的韩昭侯胸怀大志，用人唯才是举，不拘小节，申不害这才逐渐有了施展才能的机会。公元前354年，与韩国向来不和的魏国攻击韩国，韩国君臣手足无措。在此紧急时刻，申不害审时度势，给韩昭侯提议向魏示弱，以获得同情，解除危难。韩昭侯依此而行，他执圭（古时臣下朝见天子时所执的一种玉器）去见魏惠王。魏惠王果然欢喜非常，下令即刻收兵，还同韩国结为盟国。

从这件事中，韩昭侯发现申不害这位"郑之贱臣"十分有才干。后来，昭侯排除异议，破格擢升申不害为相，让他主持变革以图强。

▲（战国）铜胄
此铜胄出土于赤峰市美丽河，高23厘米，下宽19.5厘米。铜胄顶上有方形穿孔，可系帽饰。护耳部位下垂，露出脸面与后颈部，以方便头部活动。

▶▶ 周纪·秦纪　　▶▶ 周纪　　▶▶ 申不害改革

把老子"柔弱胜刚强"的思想进行发挥，主张君主"示弱"，但这种示弱绝非无所作为，而是君主做出抉择前的一种政治手段，重大时刻君主则要发挥一言九鼎的作用，一语定乾坤。

申不害认为君主的"势"和制定的"法"不足以坚固其位，君主还得会玩弄两面之"术"，这样才会使"势"和"法"融会贯通而得以使用，并在任何情况下都能使臣子敬服。他的"术"主要有三方面的内容：一是"为人君者操契以责其名"，君主要量才任官，任命之后察看他是否敬忠称职，以此来定赏罚；二是君主要"藏于无事""示天下无为"，主张君主在臣下面前表示出无为之姿，这样他们就捉摸不到君主的想法，也就无法迎其所好了，而君主则能"静观"臣下的所作所为，进而威慑他们；三是"治不逾官，虽知弗言"，主张不在其位不谋其政，要求各级官吏各守职责，不谋职外之政，这样就能有效防止臣下擅权。

变法改革，国治兵强

变法时，申不害首先进行的是官风整治，巩固君主集权统治。侠氏、公厘氏和段氏是韩国的三大家族，他们有自己的封地，还享有许多特权。在韩昭侯的支持下，申不害将矛头直接对准了他们，收回了他们享有的特权，拆毁了他们的城堡，

▼（战国）谷纹虬龙佩
虬龙佩多为玉组佩的配件。此虬龙佩镂雕成三折的龙形，龙腹部上拱，中间有一孔，取横位悬挂，用在组佩的最下层。

并清点其府库以充实国库。于是，韩国政局大变，国力也大大增强。

另外，申不害还用"术"来整治官吏，加强了对官员的考察和监督，他凭功劳和才能赏罚、任免官员，使得韩国官场的办事效率大大提高。

接着，申不害又对军队进行整治，把私家亲兵混编入国家军队，对军队进行严格的训练，使军队的战斗力飞速提升。

对于土地问题，申不害也很重视。他鼓励百姓多开垦荒地，多种粮食。

此外，申不害还鼓励发展手工业，尤其是兵器制造业，因此韩国的冶铸工艺变得十分先进，当时就流传有"天下之宝剑韩为众""天下强弓劲弩皆自韩出"之语。

申不害在韩国任相十几年，政绩突出，大大增强了韩国的实力，《史记》中说："终申子之身，国治兵强，无侵韩者。"但是，申不害的变法深度远逊于魏、齐、秦等国，因此韩国在战国七雄中始终是弱者。

周纪·秦纪　　周纪　　邹忌讽齐王纳谏

周纪
邹忌讽齐王纳谏

历史上有个以巧妙地讽谏齐王而著称的邹忌。齐威王即位之初，沉迷酒色，不理国事。那时还是一介布衣的邹忌，以高超的琴艺自荐，得到了齐威王的召见。然后他借机以琴论政，劝威王不可在其位而不谋其政，要整治内政，罢黜奸臣贼子，选用贤人，蓄养民力，整顿军备，力图称霸天下。这番出色的言论让齐威王大受启发，从此振作起来。邹忌也因此被拜为相国。后来，他又以自己与城北徐公比美，劝谏齐威王要保持清醒的头脑，避免被周围人的意见所蒙蔽。齐威王受此启发，广开言路，鼓励天下人以各种方式向他进言，从而使齐国内政修明，外服诸侯。在某种程度上，可以说是邹忌以其出众的智慧和不凡的口才，促成了齐国的复兴。

邹忌鼓琴得相位

公元前356年，齐威王登上君位。登基以后，他就开始了纸醉金迷、骄奢淫逸的生活，使齐国朝政荒废了整整九年。其间，韩、魏、鲁、赵等国都曾侵齐，齐国屡受重创，几乎到了灭亡的边缘。齐国国内局势更是混乱不堪，民不聊生。

直到有一天，一个书生来到齐国宫殿门前对守卫说："我叫邹忌，是齐国人，琴艺非凡。我听说威王喜欢音乐，想去给他献上一曲。"守卫禀

▲邹忌鼓琴得相位
邹忌向齐威王鼓琴自荐，被任命为相国。邹忌辅佐齐威王推行改革，使得齐国国力日益强盛。

报之后，齐威王让邹忌进殿觐见。

邹忌走进殿来，齐威王正在抚琴自弹。邹忌立足听了片刻，不禁赞叹道："好琴艺！"齐威王停下来问道："好在哪里呢？"邹忌说："您弹奏大弦的时候，声音庄重沉稳，有君主之风；弹奏小弦的时候，声音清晰明朗，又像是贤相神采。二者相得益彰。此外您弹出的每一个音调都非常到位，有的深沉，有的舒展，但整体十分和谐。这就像一个国家颁布的所有政令，各个恰到好处，整体协调一致，所谓政通人和是也。"

齐威王听他三句话不离政事，微微皱了皱眉头，但心里觉得他评价音乐还是很中肯的，就说："我不过是弹琴自娱，你一定比我弹得好，请让我见识见识。"说着就让邹忌坐下弹奏。

邹忌说："主公您过谦了。"然后坐在琴边，双手抚琴，却久久不弹。齐威王问："先生是嫌琴不好？"邹忌说："此琴是上等好琴，小人怎会嫌弃？"齐威王不耐烦了，说："那你为何抚琴不弹？难道是想戏弄我？"邹忌说："不敢。小人以弹琴为业，若抚琴不弹，主公就会心生恼怒。但主公您以治国为务，手握齐国这把大琴，九年来不曾弹奏一回，齐国上下等得太久了！"

此话一针见血，让齐威王一时愕然。顿了片

| 周纪·秦纪 | 周纪 | 邹忌讽齐王纳谏 |

▶（战国）四山纹镜
山字纹是战国铜镜的特有纹饰，除四山字纹镜外，还出土有三山、五山、六山字纹镜。镜面分成四等份，山字均匀地分布在每一等份内，其间饰以弦纹和变形花纹。

刻，齐威王才说："你来这里原来不是来弹琴的。"邹忌说："小人只想提醒主公，琴不弹不鸣，国不治不强。"齐威王想到齐国现在的状况，又皱了皱眉头，漫不经心地问："你有什么建议？"邹忌正色道："首先是不可弃琴不弹，其次要多弦并弹。"此言一出，齐威王有了点兴趣。邹忌接着说："我建议您从远离声色、选贤任能、兴利除弊、整顿军备、安抚百姓五个方面入手。"两人由此细谈下去，齐威王大受启发。

谈到最后，齐威王非常兴奋，涌起满腔豪情，决心从此以后要勤政为民，振兴齐国。他十分感激邹忌对他的开导，同时也对邹忌的才华大为欣赏，于是拜他为相国。

比美劝齐王纳谏

邹忌是个身材挺拔、相貌不凡的美男子。一天早晨，他穿戴完毕之后，照着镜子不经意地问妻子说："我和城北徐公相比，谁更美呢？"妻子说："您美多了，徐公哪里比得上您？"邹忌心想："徐公之美闻名齐国，我难道真的比他还美？"于是他又去问他的爱妾："我和城北的徐公相比，谁更美呀？"妾回答说："徐公不如您美！"这天，家里来了一位客人，邹忌又把这个问题拿来问他，那位客人毕恭毕敬地说："徐公的确不如您美。"

第二天，正巧城北徐公来拜会邹忌。邹忌细细打量着徐公，不禁对徐公的美貌暗暗惊叹。然后他对着镜子看自己，觉得自己实在远不如徐公美。可是为什么所有人都说徐公不如他美呢？

晚上睡觉的时候，邹忌躺在床上仔细考虑这个问题。最后他终于懂了：妻子说我比徐公美，是偏爱我；爱妾说我比徐公美，是惧怕我；客人说我比徐公美，则是对我有所求。

第二天，邹忌觐见齐威王，说："臣本来很清楚自己比不上城北的徐公那么俊美，但臣的妻子偏爱臣，臣的小妾惧怕臣，臣的客人有求于臣，所以他们都说臣比徐公美。我们齐国幅员千里，有一百二十座城池。宫廷上下没有不偏爱大王的，满朝大臣没有不惧怕大王的，全国百姓没有不希望得到大王的恩惠的。由此可以推测，您太容易受到蒙蔽了。"

齐威王听了邹忌的这番话，恍然大悟，马上下令："从今往后，无论是谁，凡是敢在我面前直接责备我的，我给他上等的赏赐；敢上书批评我的，我给他中等的赏赐；敢在人群聚集处议论我的过失的，只要让我知道，我就给他下等的赏赐。"

这道命令一经下达，便在朝堂内外引起了巨

少年读全景 资治通鉴故事 1

▶ 周纪·秦纪　　▶ 周纪　　▶ 邹忌讽齐王纳谏

大的反响，大臣们纷纷以各种方式向齐威王进言。齐威王有则改之，无则加勉，采取了许多有效措施。这样过了一年，大家已无意见可提，齐国各个方面也都得到很好的治理，整个国家渐渐兴旺起来。

燕、赵、韩、魏等国听说了这件事，纷纷派人到齐国来朝拜，齐国威望迅速提高。

淳于髡的挑衅

时为齐国重臣的淳于髡认为邹忌那么容易就被封为相国，不免怀疑他是否确有真才实学，于是，淳于髡在几个徒弟的陪同下亲自去拜访邹忌，想试探一下邹忌的才能。

邹忌彬彬有礼地迎候他，而淳于髡却狂妄无礼，一进门不打招呼就径自坐了上位，语含轻蔑地说："我今天来是有几个问题要问问邹相国。"

邹忌恭敬地回答道："洗耳恭听！"

淳于髡说："自古事君周全者昌，不周全者亡。"邹忌答道："谨记先生教诲，我会将此言时时放在心上。"淳于髡又说："木头做的车轴，涂上猪油就非常顺滑。但如果孔是方的，即使涂上猪油也转动不了。"邹

▼（战国）提梁筒形壶
此壶带梁通高38.5厘米，口径12.5厘米，盖已佚。壶身直，口略外侈，腹身与圈足等径，皆为直壁，平底。腹上部两侧系活链龙首提梁，下部有三矮小蹄足。此壶造型简洁朴实。

忌答道："谨记先生教诲，我会小心地侍奉君王左右，不敢肆意违背君王旨意。"

淳于髡又说："两个分离的东西可以暂时用胶粘在一起，但时间长了，不可能总是黏合得天衣无缝。"邹忌答道："谨记先生教诲，我不会对礼法生搬硬套，一定心系民生，了解民意，再行其政。"淳于髡又说："如果狐皮大衣破了口，不能补上一块黄毛狗皮。"邹忌答道："谨记先生教诲，我会慎重选择贤能君子来参与国政，不让小人夹杂其中。"

淳于髡又说："大车如果不时时修整，就不能总是运载那么多东西；琴瑟之弦若不加调校，就不能准确地奏出五音。"邹忌答道："谨记先生教诲，我一定慎重地修治律法，严格督察官吏。"

说到这里，淳于髡没有再说下去。他向邹忌行了跪拜大礼后，离开了。

回去的路上，淳于髡的徒弟疑惑地问："老师，您刚与相国见面的时候对他十分鄙夷，而告别的时候却对他非常恭敬。前后变化怎么这么大呢？"

淳于髡说："邹忌确实才能不凡，我用隐语的方式提出了五个问题，他完全明白我的意思，回答得很到位。我对他没有怀疑了。"

▶▶ 周纪·秦纪　　▶▶ 周纪　　▶▶ 齐威王烹贪官

周纪
齐威王烹贪官

田氏代齐以后,处于历史进步时期的新兴地主阶级开始掌控齐国的国家大权。公元前356年继位的齐威王,就是这一新兴阶级的政治代表。他是一位开明而睿智的君主,也是后世士人理想中的国君。虽然年轻时曾一度荒废朝政,但经邹忌、淳于髡等人劝谏之后,他改过自新,从此励精图治,大有作为。他广开言路,从善如流,虚心接受人们的劝谏,同时又很有主见,果断实干,不被错误的意见所掣肘。此外,他奖善惩恶,向来赏罚严明,尤其是一场水煮贪官、杀一儆百的好戏,让举国上下震惊。虽然齐威王在此事上手段残忍,但从此以后,再也没有人敢徇私舞弊了,各级官员都尽力履职,使得齐国一片井然。

实地考察,辨别真伪

邹忌借琴理进行的一番劝谏,让齐威王几乎变了一个人。他完全从过去的荒唐生活中摆脱出来,成了一个勤于朝政的君主。为了对国情有更好的了解,他一方面鼓励人们主动向他进言,告诉他各方面的欠缺;另一方面,他自己也经常派人到各地调查民情。

一天,齐威王问身边的侍臣:"满朝大臣中你们认为哪个最好、哪个最坏?"没想到他们的答案十分一致,都说阿城大夫最好,又清廉又有为;即墨大夫最坏,欺压百姓,中饱私囊。齐威王听后非常生气,心想即墨大夫竟敢如此胆大妄为,怎能不给他点颜色看看。于是就想重重地惩罚即墨大夫,奖赏阿城大夫。邹忌听说后,对齐威王说:"这只是侍臣们的一面之词,不妨派人去探察一下,看看到底是什么情况。"齐威王同意了。

赏罚分明,水煮贪官

过了一段时间,齐威王下令召两个大夫入朝觐见。左右侍臣暗中窃喜,都以为这回齐威王要重赏阿城大夫,惩罚即墨大夫了。

这天,文武百官分列两旁,场面十分隆重。奇怪的是朝堂上还摆着一个大锅,满锅的水被烧得滚沸,热气腾腾。齐威王先让即墨大夫站出来。朝堂气氛一下子变得十分紧张。

齐威王对他说:"自你到即墨为官以来,常常有人到我面前检举你,说你如何不好。前些天,我派人到即墨去考察。他们回来告诉我说,在那里看到田里庄稼一片碧绿,长势很好,老百姓看起来都很快乐,似乎没有什么愁苦和担忧。这说明你把即墨治理得很好。你一心为民,从不谋私利,但因为没有贿赂过宫廷侍臣,所以他们

▲(战国)玉剑首

剑首位于剑柄端部,它与剑珥、剑璏、剑珌同为剑身与剑鞘上的装饰品,统称为剑饰。玉剑首始见于西周,一直延续到明清,历经了不同的历史时期,呈现出鲜明独特的艺术风格。战国时期的剑首圆而薄,中央饰有涡纹,外缘饰有弦纹、云纹、卧蚕纹等。

少年读全景 资治通鉴故事 1

▶ 周纪·秦纪   ▶ 周纪   ▶ 齐威王烹贪官

▲（战国）龙纹盘
此盘高14.2厘米，口径36厘米，圈足双耳。盘内底饰三卷龙，其外围间饰四鱼与四鹈鹕纹，附耳饰兽面纹，圈足饰环带纹，腹饰二方连续蟠螭纹。

才诬蔑你。我齐国能有你这样正直诚实、兢兢业业的官员，实在是万幸，赐你一万户的俸禄！"

那些诬陷即墨大夫的侍臣听了这番话，都诚惶诚恐，担心齐威王惩罚自己。

齐威王又叫阿城大夫上来，严厉地对他说："你自从到了阿城就美名不断，我身边总有人说你如何能干。但是我派到阿城去考察的人告诉我，他们在那里看到田地荒芜，杂草丛生，百姓衣衫褴褛，面有饥色，愁苦不堪，但噤若寒蝉，没人敢说实情。这就是你做的好事！你搜刮百姓钱财来贿赂我的侍臣，让他们在我面前说你的好话。像你这种尸位素餐、蝇营狗苟，只知道靠巴结宫廷侍臣来欺瞒我的奸佞小人，若不加以重罚，还要国法何用！来人，大刑伺候！"

阿城大夫早已吓得脸色惨白，两股颤颤，连忙跪地认罪求饶。但齐威王不为所动，还是让武士把他抛进了那口沸腾的大锅。众人见状一片唏嘘。那些受过阿城大夫贿赂的侍臣，更是面如死灰，浑身颤抖。

杀鸡儆猴，齐国大治

轮到处罚那些接受贿赂的侍臣了。齐威王把他们叫出来，厉声责骂道："我深处宫中，不了解外界之事。你们伴我左右，就好比我的眼睛和耳朵一样。而你们竟然收受贿赂，是非不分，颠倒黑白，欺瞒寡人！这不是蒙住我的眼睛，塞住我的耳朵吗？我这里岂能容下你们这些奸臣！来人，把他们都给我扔下锅去！"侍臣们一听这话，吓得"扑通"一声，齐刷刷地跪倒在地，磕头不止，痛哭流涕，哀求齐威王饶命。齐威王认为目的已达到，这才手下留情，只让人把几个罪不可赦的侍臣丢进了大锅。

齐威王的这番举动，让国人感到十分震骇。一些有劣迹的官吏觉得齐国不可久留，就纷纷逃到别国去了。齐威王在他们走后空缺的职位上又任命了一批贤能之人。从此，官场风气肃然，齐国被治理得越来越好。

| 周纪·秦纪 | 周纪 | 齐威王"以令天下" |

周纪
齐威王"以令天下"

在春秋前期和中期,齐国曾是实力雄厚的国家,有过尊王攘夷、称霸天下的辉煌。但是,姜齐后期的几代君主都昏庸无能、治国无方,使得齐国迅速衰落。从春秋末期到战国前期,齐国内忧外患、一片颓然,霸主雄风全无。田氏代齐之后,虽然做了一些努力,使情况有所好转,但积贫积弱的局面一直都没有得到根本性的扭转。直到邹忌以琴论政,齐威王这只雄狮才如梦初醒、痛改前非,依靠邹忌、淳于髡、田忌、孙膑等人的辅佐,励精图治,兴利除弊,养精蓄锐,使"齐最强于诸侯,自称为王,以令天下"。

人才就是国宝

齐国的历代统治者大多重视人才,但没有谁能像齐威王那样把人才视作国宝。《史记·田敬仲完世家》中讲了这样一个故事。公元前332年,齐威王和魏惠王一同打猎。闲谈之际,魏惠王问起齐国有什么国宝。齐威王回答:"齐国没有国宝。"魏惠王说:"我们魏国这么小的国家,都有十颗大宝珠,光华闪耀,能照亮十二乘车。怎么泱泱齐国竟连一件国宝都没有呢?"齐威王说:"我有比国宝更珍贵的。大臣檀子为我镇守南城,让楚国不敢进犯,泗水周边十二诸侯都来朝见;大臣盼子为我镇守高塘,让赵国人不敢往东到黄河来打鱼;大臣黔夫,为我镇守徐州,结果相邻的燕人和赵人都想到我齐国来居住,已有七千多家迁移过来;大臣种首,为我防盗缉贼,让齐国国内路不拾遗,夜不闭户。这四位官吏光芒万丈,可以照耀千里,岂止是十二乘车呢?"魏惠王听后,面露惭愧之色。

在诸侯争雄的时代,人才是制胜的关键。齐威王的这番话,显示了他非凡的见地和长远的眼光。这种认识也体现在他的实际行动中。

许多有才能的人,不管出身如何,都得到了他的重用。在齐威王手下为官的,有他的宗亲,如大将军田忌、镇守高塘的大臣田盼子。而更多的则是一些出身寒门的人,比如原为"赘婿"的淳于髡,先是凭借他的知识渊博和灵活机智、巧于辞令而被起用,后又因屡次进谏、不辱使命而为齐威王所重用。又如邹忌,本是一介布衣,以高超琴艺得见齐威王,又因卓越的治国之道而得到重用,三个月后就得到相印,次年即被封侯。

还有孙膑,他为庞涓所害,在魏国遭到大刑,逃到齐国时下身已残,

◀(战国)武士铜灯
此铜灯为战国时齐国的照明用具,这座人形铜灯造型奇妙,整体为一武士双手擎灯盏状,武士足下为蜷曲的蟠龙,盏盘下有子母榫口与盏柄插合,可随意拆卸。

少年读全景
资治通鉴故事 1

▶▶ 周纪·秦纪　　▶▶ 周纪　　▶▶ 齐威王"以令天下"

一无所有。但是他凭借出色的军事才能，通过田忌的举荐，最终也被齐威王委以重任。

严刑重赏，以法治国

齐威王能够取得这样辉煌的成就，除了因为他重视且善用人才之外，还得益于他赏罚分明，奖惩公正。即墨大夫和阿城大夫的经历，就是最好的证明。

齐威王不轻易相信传言，而是探明实情后再行赏罚，而且赏就赏得很重，罚就罚得很严。这样以重赏来鼓励忠诚正直之官，以重罚来贬抑谄媚欺瞒的小人，起到了惩恶扬善的作用。相反，如果忠诚之士被谗言所害，奸佞之人为美言所护，那

▲（战国）兽带纹鼎
此鼎高27.9厘米，宽23.5厘米，足高13.8厘米。鼎呈俯视圆形，直口，带盖，圆底，深腹，下有3只兽蹄形足。腹上以一道弦纹将装饰面分为上下两部分，上面饰以兽带纹及角形云雷纹；下面饰以卷曲动物纹。盖面中央饰圆涡纹，外围和器腹纹样相同。

就邪不压正，风气全乱了。正因为齐威王深明此理，才使齐国得以大治。

广开言路，奖励进谏

要想做一个合格的治国明君，刚愎自用、固执己见是不行的，要善于借用别人的智慧。在这方面，齐威王做得非常出色。

他在刚登上君位的时候，一度沉迷酒色，荒废朝政，淳于髡用"国中有大鸟"之语来劝谏，他接受了，之后渐渐振作起来。后来又在淳于髡"酒极则乱，乐极则悲，万事皆然"的劝谏下，他改掉了长夜欢饮的习惯。而在邹忌以比美之事讽谏其不可偏听偏信以免受人蒙蔽之后，他更是昭告天下，奖励百官及士人以各种方式向他进言。齐威王正是受益于臣下的谏言才成为一位开明君主，而齐国的重新强大同样有赖于此。

齐威王善用贤才，革新内政，精心治国，使齐国重振雄风，位居战国七雄之列。

▲以法治国的齐威王
齐威王是齐桓公田午之子，以善于纳谏用人、励志图强、以法治国而名垂史册。

▶▶ 周纪·秦纪　　▶▶ 周纪　　▶▶ 魏霸中原

周纪
魏霸中原

在战国时期的各国中，魏国是最早开始变法的，这使得魏国各方面的实力都很快领先于其他国家。从此，魏国开始了争霸中原的征程。魏文侯、魏武侯在位期间，魏国与相邻的赵、韩两国联合出击，取得节节胜利：先攻打西边的秦国，在公元前408年夺取秦国河西地区，分别派李悝、吴起镇守河西和上地，秦人屡次想要收复失地却不可得；接着在公元前406年，吞并了北边的中山国；然后又在公元前404年，打败东边的齐国。此后，魏国将目光转向南边的楚国，以多次胜利压制了楚国向北扩张的势头。魏武侯的儿子魏惠王即位时，魏国实力达到极盛，出现了独霸中原的局面。

迁都大梁，稳定发展

晋国被分为韩、赵、魏三国之后，三国之间互相争夺领土，国界不断变换，以致久久不能确立各自稳定的国都。后来形势有所缓和，赵国定都邯郸，韩国定都郑，只有魏国还在不断变换自己的国都，先后以邺、朝歌、安邑等地为都城。

这种不稳定的状况对魏国很不利，历史上曾有先例：魏武侯去世后，魏国发生内乱，韩、赵趁机出兵，企图利用魏国领土东、西相隔的特点瓜分魏国。

鉴于这种情况，魏惠王在公元前361年迁都大梁，并决定就此稳定下来。定都大梁，一方面有利于魏国势力往东面发展，另一方面也能避免遭受西面秦国的侵扰。

魏惠王在新都大梁大兴土木，将其建设成了一座坚固的都城。利用这里有利的水利条件，魏惠王还奖励百姓开垦土地，同时修建沟渠，引水灌溉田地。

这样，大梁及其周围的农业生产很快兴盛起来。与此同时，魏惠王还在大梁大建宫殿苑囿，引进人口，发展手工业和商业。十多年之后，原本普通的大梁一跃成为远近闻名的中原大都会，魏国也更加强盛，成为土地广阔、军事实力强大的国家。

逢泽之会，"尊魏为王"

对魏国的霸权构成威胁的，主要是齐国和秦国。齐国在魏文侯、魏武侯在位时期，多次被韩、赵、魏三国联军打败，但齐国经过齐威王时期的大力发展，成为不可小视的一大强国。

▶（战国）变形蟠龙纹敦
此敦呈长圆体，盖、器可分开。盖与器腹部纹饰基本相同，均饰以大三角纹和变形蟠龙纹，盖顶中心饰涡纹，纽饰斜角云纹。此敦造型优美，纹饰精致。

周纪·秦纪　　周纪　　魏霸中原

公元前353年，齐、魏发生桂陵之战，结果齐国大败魏国。一直对魏国虎视眈眈的秦国，趁魏于桂陵大败之机，在公元前352年向魏国的河东进军，占领了魏曾经的都城安邑；第二年又夺取固阳，还收复了早年被魏攻占的部分河西地区。但魏当时毕竟国势强大，一两次失败并没有让它一蹶不振，不久它就重整旗鼓，与齐、秦再次展开战争。

秦国大臣商鞅认为，秦国实力难敌魏国，不如表面上承认魏国的霸主地位，煽动魏国与别国树敌，使其成为众矢之的而后图之。秦君同意了这一策略，便派商鞅出使魏国。

迷恋霸主之位的魏惠王在商鞅的游说下，果然产生了称霸之心。这一年，魏惠王邀请宋、卫、邹、鲁等国君主以及秦公子少官会于逢泽（今河南开封南），然后又率领众人到周室去朝拜，这就是历史上所说的"率十二诸侯，朝天子于孟津"，大有号令诸侯的架势。魏国一时有了中原霸主的姿态。

但是，这种表面辉煌的背后实际上隐藏着巨大的危机。魏国的强硬姿态，使原本与它结盟的韩国感到了威胁，因此韩国拒绝参加逢泽之会。当时齐国也是魏国的敌国之一，韩、齐两国一拍即合，建立起友好关系。一场规模巨大的战争很快就发生了。

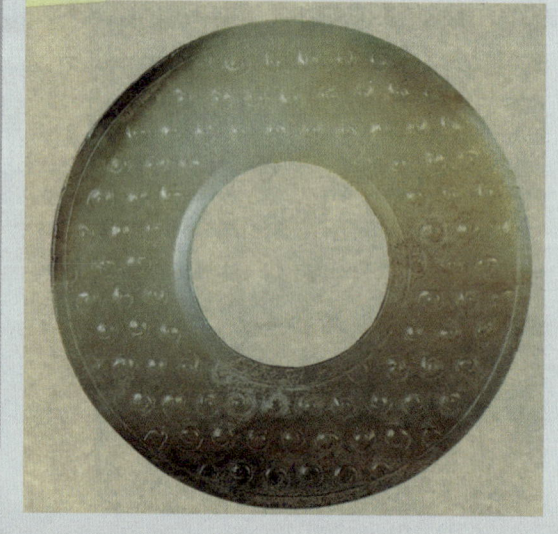

▲（战国）谷纹系璧
这件战国谷纹系璧直径6.52厘米，局部有暗褐色沁，半透明。此璧圆整，有廓，几近平廓；中孔，外缘齐整圆滑；器面上刻饰有浅浮雕谷纹。

公元前341年，齐军在马陵（今河北大名东南）大破魏军，接着齐、秦、赵从三面围攻魏国，齐、宋合围魏国的平阳（今山西临汾西南）。第二年，秦军在商鞅的率领下又一次大败魏军。

这一系列的重创，推翻了魏国的霸主地位，齐、秦取而代之，成为当时最强大的国家。公元前334年的"徐州相王"，是魏国完全丧失霸主之位的标志。

▶（战国）错金鹿纹弩机
弩机出现于战国，是用来发射箭矢的机械装置，利用弩机可以将箭矢射得更远、更有力。此弩机上镶嵌黄金丝，并饰以奔鹿、飞鸟和卷纹，制作精致，纹饰华美，应为王侯所用。

▶▶ 周纪·秦纪　　▶▶ 周纪　　▶▶ 马陵大战

周纪
马陵大战

战国初期，地处中原的魏国土地肥沃，农业兴旺，百姓殷富。魏文侯开变法之先例，又让魏国军事实力大增。可惜后来的魏惠王称霸心切，又不善于审时度势，导致许多国家与之为敌，赵、齐、韩、秦、楚等国先后与其交战，魏国国力大伤，渐渐衰落。在与齐国的交战中，魏国先是在桂陵之战中大败，后来又在马陵之战中遭到重创，损失了大将庞涓。此后魏国开始走下坡路，再也没有恢复足以称雄中原的实力。效力于齐国的孙膑，却因两次大战中巧用计谋而声名鹊起。

分析利弊，出兵援韩

在桂陵之战中，魏国虽然大败于齐国，但实力尚存。经过几年的养精蓄锐后，魏国逐渐恢复了元气，又打算卷土重来，开始攻打别的国家。公元前342年，魏国进攻实力弱小的韩国。韩国知道自己敌不过魏国，便发书向齐国求援。

齐威王把大臣们叫到一起讨论这件事。田忌主张立刻出兵救韩。邹忌嫉妒田忌战功显赫，认为田忌如此主张是为了使自己能够再立战功，因此他主张不出兵。

齐威王询问孙膑的想法，孙膑建议继续采用段干朋提出的战略方法，先做出救韩的假象，让韩、魏继续交战，直到韩国危在旦夕之时才进行实质性的救援，从而名利双收。齐威王采纳了这一建议。韩国见齐国同意救援，士气大增，与魏军展开殊死搏斗。但尽管如此，韩国还是五战连败，招架不住，只得又一次向齐国求援。

齐威王把握住韩、魏久战之后都已疲惫的时机，再次派出主力部队，由田忌担任主将、田婴担

▲孙膑像
战国时期军事家孙膑师从鬼谷子学习兵法，显示出惊人的军事才能。在担任齐国军师时，孙膑先后助齐在桂陵和马陵之战中大败魏军。

任副将、孙膑担任军师。他们再次采用"围魏救赵"的策略，挥师大梁。

魏国似乎没有从上次的失败中吸取教训。齐国故伎重演，又一次让魏国猝不及防。庞涓只好再一次率兵回救大梁。在他们到达大梁之前，齐军又见机撤退了。两次被戏弄，魏惠王和庞涓都非常恼怒。于是，魏惠王命太子申率领国中剩余部队前去接应庞涓，企图两面夹击，歼灭齐军。庞涓则率军日夜不停地赶回大梁，一副志在必得的样子。

减灶诱敌，设伏马陵

田忌、田婴向孙膑请教破敌之法。孙膑很有把握地说："魏军一向自恃兵力强大，不把齐军放

周纪·秦纪　　周纪　　马陵大战

在眼里。前次我们退兵，他们一定以为是我们害怕他们而不敢出兵迎战。这次庞涓率军匆忙从韩国赶回来，抛弃辎重，星夜兼程，显然是决心一举消灭我军。敌方如此急躁，我们可以诱敌深入。他们追赶，我们就撤退，继续制造我军不敢与之交战的假象。我们可以一边撤退一边逐渐减少宿营处留下的军灶数量，这样敌人就会以此断定我军兵力逃散，实力越来越弱，以为我军不堪一击，从而不惜冒险加紧跟进。我们则乘机在路上设下埋伏，等着敌人进入圈套，一定打他们个措手不及。"

▲马陵之战图
孙膑使用减灶之计，迷惑敌军，诱使魏军长途追击。疲惫不堪的魏军进入齐军在马陵设伏的区域后，齐军万弩齐发。结果魏军大败，庞涓愤愧自杀。马陵之战惨败后，魏国实力被大大削弱，逐渐走向衰落。

田忌、田婴大赞此计，觉得孙膑说得很有道理，安排得也非常巧妙。

于是，齐军进行了具体的部署：先退兵去往位于鄄邑（今山东鄄城）北面六十里处的马陵——那里地形复杂，有很茂密的树林，也有很深的沟谷，而且道路弯曲，很适合作为埋伏之地。同时命人在退兵途中，第一天挖十万个灶，第二天挖五万个，第三天挖三万个。齐军到达马陵之后，利用那里的复杂地形，砍树堵路，然后在道路两旁埋伏下一万多名弓弩手，只等魏军到来。

庞涓果真上当了——他以为齐军士气涣散，退兵三天，大半兵力都已逃亡，于是更觉胜券在握，加快了追赶齐军的步伐。魏军行至马陵时，天已经黑了。道路险要，魏军依然继续前进。不久，前方的探子来向庞涓报告："前方道路被许多大树堵住，无法前行。"庞涓急忙亲自去察看。只见道路中间横七竖八地堆着许多树木，将道路阻断了，前面不远处还立着一棵大树。庞涓感觉情况不妙，举着火把走近大树一看，只见树上写着几个大字："庞涓死于此树之下。"

庞涓猛然明白过来，大喊一声："中计了！赶快撤退！"但是已经来不及了，箭从四面八方密密麻麻地射了过来。魏军乱成一团，无数士兵中箭而死。庞涓见状，知道自己已是身陷绝境，于是大喊道："一着不慎，遂使竖子成名！"然后自刎而死。

齐军以排山倒海之势冲杀过来，随后赶到的太子申也被齐军俘虏了。齐军完胜，这就是著名的马陵之战。

经过桂陵之战和马陵之战两次打击后，魏国的军事实力被大大削弱，魏国渐渐衰落下去，离霸主的地位越来越远。而齐国则因为打败强魏，声威大震，实力陡增。自此，齐、秦两国逐渐取代魏国的地位，成为当时最强的国家。

周纪·秦纪　　周纪　　历史上第一位秦王

周纪
历史上第一位秦王

秦国的献公和孝公两代国君都力行变法，使秦国实力大大增强。到秦惠王登基时，秦国已是首屈一指的强国。秦惠王再接再厉，一举收复了河西的广大土地，控制了直通中原的要道，夺取了汉中和巴蜀，为秦国吞并诸侯、统一天下奠定了坚实的基础。公元前325年，秦惠王正式称王，成为秦国历史上首度称王的君主。在他之前，列国中只有齐威王、魏惠王两位诸侯称王。因此，他的这一举动表明秦国正式参与到了中原争霸的行列中来，混乱的争霸局面由此更为错综复杂。从此，各国间的"合纵""连横"大战也拉开了序幕。

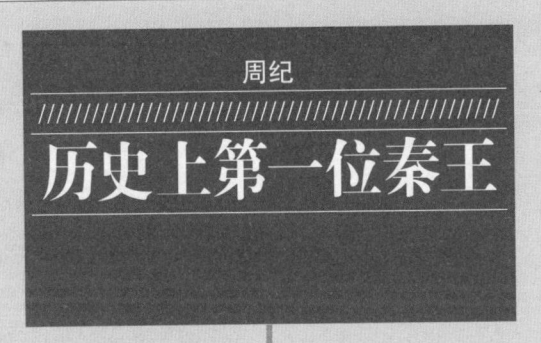

识人驭人，大权独揽

秦惠王名叫驷，是秦孝公之子，秦武王和秦昭王之父。秦惠王登上王位之后，励精图治，奋发图强，利用秦献公和秦孝公时期为秦国蓄积的超强实力，开创了秦国新的局面。

诛杀商鞅等人是他登基后所做的首件大事。秦惠王以造反为由，对商鞅施以车裂之刑，然后又以商鞅造反并无确切事实根据为由，说指认商鞅造反的公子虔和公孙贾有意诬陷朝中重臣，将他们二人及与其有牵连的许多人处死，从而将"功高震主"的重臣清理得一干二净，巩固了自己的王位。

秦惠王处死了商鞅，但并没有否定他留下的施政方针，而是沿用商鞅变法后形成的秦国现行政策。他仍然像商鞅那样重视严明法度，致力于农业生产，积极做好军备工作。

同时，秦惠王广招天下贤才，任用了大批来自各国的贤臣良将，这些人给他立下了汗马功劳。如公孙衍和张仪都是魏国人，对魏国情况十分了解。秦惠王任用他们来对付魏国，连连得胜。此外还有魏章，也就是秦孝公时代被商鞅骗来秦国的公子魏昂，秦惠王非常器重他。后来，魏章果然不负众望，多次大败齐、楚名将，还攻占了战略地位十分重要的汉中。还有来自魏国的司马错，一生辅

▲诛杀商鞅图
商鞅的一系列改革措施招致秦国部分贵族的憎恨。秦孝公死后，惠王即位，公子虔诬告商鞅谋反。最后，商鞅被惠王处以车裂极刑，并被灭族。

| 周纪·秦纪 | 周纪 | 历史上第一位秦王 |

佐了惠王、武王、昭王三代国君,在秦国讨伐蜀、楚、魏、韩的战争中屡建大功。来自楚国的甘茂及其异母弟弟公子疾也为秦惠王所重用,二人在秦武王时期还被任命为左、右丞相。

正是在这些能臣贤将的辅佐之下,秦惠王才将秦国推向了又一个高峰。

打通中原通道

攻打魏国才能获得一条进入中原的通道,秦献公、秦孝公都在这上面下过功夫,秦惠王也不例外。从公元前333年到公元前325年,秦惠王花了将近九年的时间先后任命公孙衍和张仪率兵攻打魏国。他们先是占领了秦国向中原进发的要地——阴晋(今陕西华州东),又陆续收复焦、曲沃、陕等地。这样,秦国要去往中原,道路就畅通无阻了。秦献公、秦孝公都曾梦想过的事情在秦惠王时期终于得以实现。后来,秦惠王派兵对这条命运攸关的要道严加把守,再没有让它落入别国之手。从此,秦国不再是一个隔绝于中原之外的国家,而正式参与到了中原地区的角逐中。

秦君称王,逐鹿中原

历史上,齐、魏称王开诸侯称王风气之先,秦惠王也在公元前325年正式称王。秦国的实力在秦惠王时期得到了很大的提升。这期间,秦国不仅控制了直通中原的要道,而且攻占了魏国的河西郡和上郡,吞并了巴蜀,占据了汉中,并分别在这两个地方设置巴郡和汉中郡。这样,秦国的疆域一下子扩大了好几倍。

疆域的扩展使秦国拥有了有利的军事形势。一方面,东面的黄河和函谷关天险成为秦国天然的军事屏障,使中原各诸侯国无法轻易进入秦

▲(战国)粟纹地鸟首流提梁盉
此器造型古朴,以双兽头衔环为提梁,带盖,圆腹,下有三兽蹄形矮足。

国;秦国在地势上占据高点,对军事进攻十分有利。另一方面,巴蜀、汉中土地丰饶,一直是产粮重地,这使秦国更为富庶,为日后征战四方提供了经济上的保证。此后,秦国又继续扩张,把西北方向的西戎义渠部收归治下,进一步解除了边境上的隐患。

而此时,魏国的处境却恰恰相反。秦国夺走魏国的河西之地后,魏国失去西边的黄河天险,没有险关据守,加上地势平坦,很难防卫秦国的进攻。在虎视眈眈的秦国面前,一度强盛的魏国沦落到靠奉送土地来换取一时安宁的地步。

此时,齐国是唯一能与秦国抗衡的国家。地处中原的魏、赵、韩三国,则被两国争相拉拢。由于秦国的介入,使中原形势更加复杂,激烈的"合纵""连横"外交大战也由此开始。

周纪·秦纪 | 周纪 | 苏秦合相六国

周纪
苏秦合相六国

魏国衰落后，经过商鞅变法而实力大增的秦国与发展势头正猛的齐国成为东西对峙的两大强国。双方都想将位于两国之间的赵、魏、韩等国拉拢过来。而这些国家为求生存，与齐、秦时而联合，时而对抗。由此，各国进入了"合纵连横"的特殊外交时期。其中，"合纵"局面的促成者就是苏秦。他的一系列策略逐渐拉开了战国时期最盛大的外交活动"合纵"的帷幕。极盛时，苏秦说服各国建立起了"合纵联盟"，共同抗秦。六国推举苏秦为纵约长，并都将本国相印授予他，让他处理本国外交事务。一时之间，苏秦成为叱咤风云的人物。由于"合纵"的存在，秦国的扩张势头被压制，秦兵"不敢窥函谷关十五年"。

游说失败，穷困潦倒

秦齐对峙的局面出现以后，各国间的外交活动变得空前频繁，出现了一批专门游说各国"合纵"或"连横"的人。"合纵"，即"合众弱以攻一强"，指地理上南北纵向分布的各弱国联合起来，抵抗齐或秦的兼并；"连横"，即"事一强以攻众弱"，指秦拉拢与自己东西横向分布的弱国，联合进攻齐国或其他弱国，达到兼并土地的目的。开始的时候，"合纵"有时针对齐国，有时针对秦国。后来秦国实力不断增强，扩张势头十分强劲，成为其他六国共同的威胁。所以，"合纵"逐渐变成了六国联合抗秦，"连横"则是六国亲近秦国，把秦国当作靠山，以保证自己的安全。

人们将这些专门游说各国"合纵"或"连横"的人称为"纵横家"，苏秦就是其中的一位。

苏秦字季子，战国时洛邑（今河南洛阳）人。他从小生活贫苦，常常吃不饱，穿不暖，有时甚至靠卖掉自己的头发来换些许粮食。后来他离开家乡，到齐国拜著名的鬼谷子为师，学了好几年的纵横之术。

后来，苏秦自认为已学得了一些本事，就出山求仕去了。苏秦最早拜会的是当时已实力衰微的周显王。苏秦雄心勃勃，要辅佐周显王，然而周显王并没有被苏秦的抱负和才能打动，倒是听了臣下之言，觉得苏秦没什么真本事，只是口头说得漂亮。苏秦十分沮丧，转而去往秦国。

哪知秦惠王也拒绝了他。苏秦建议秦国以强大的实力吞并诸侯，统一天下。但秦惠王却说："鸟的羽毛没有长丰满就不能高飞，成文法令修订完备之前不能用以惩罚罪犯，没有积累起很高的德行就不能命令百姓，君主的政治教化不够完美时就不能任用大臣。您还是以后再来讲您的道理吧。"此后苏秦多次向秦惠王上书，讲他如何采取"连横"策略逐个击破六国的主张，但秦

▶（战国）玉舞人纽印

此印印文为"何善"二字。印纽为人形，着长袖衣，一只手高举，一只手置于腹部，作翩翩起舞状。高举的袖口自然下垂，形成一圆孔，可穿细带。战国之印多为铜铸，以玉制者不多见，这是迄今为止发现的最早的玉质印之一。

少年读全景
资治通鉴故事 1

▶▶ 周纪·秦纪　　▶▶ 周纪　　▶▶ 苏秦合相六国

▶苏秦刺股苦读
苏秦发奋夜读《太公阴符经》，读到昏昏欲睡时，就用铁锥刺自己的大腿，以强迫自己打起精神苦读。

惠王最终也没有采纳他的意见。当时的秦国，秦孝公刚刚去世，变法功臣商鞅被处死，内政尚需稳定。而且，秦国虽强，但在六国面前并不占绝对优势，一旦兼并不成，就会成为众矢之的，反而会败于六国之手。秦国还需积蓄力量。秦惠王的那番话正是这个意思。

苏秦无可奈何。由于在秦国太久，带的钱都快要花光了，苏秦只好沮丧地回家了。

刺股读书，发愤图强

苏秦家人见他出去闯荡一番，回来一无所有，对他十分冷淡。父母不愿意理他，妻子也只是埋头织布，像没看见他似的。他请求嫂子给他做顿饭吃，嫂子一口拒绝了他，还责骂了他一顿。

苏秦非常伤心，独自坐在房中仔细思考："他们对我这么冷淡，都是因为我没做出什么成绩。只怪我学艺不精，急于求仕，以致到如今一事无成！"他决定振作起来，趁此机会潜心读书，充实学问。从此，苏秦每天废寝忘食地读书，不断汲取前人的智慧。

几天之后，苏秦就开始觉得疲倦了，常常读着读着就睡着了。醒来的时候，苏秦总是很后悔，觉得自己浪费了时间。但每当倦意袭来，眼皮就会打架，分也分不开。这让他很苦恼。

一天，他又趴在书上睡着了。突然感觉手臂上一阵刺痛，他猛然惊醒了，原来是手臂被书案上的锥子刺着了。他马上由此想到了让自己保持清醒的方法，那就是"以锥刺股"。此后，每当倦意袭来时，他就拿锥子扎自己的大腿。一段时间后，他的大腿被扎得伤痕累累。

在这段艰苦的读书岁月中，苏秦进一步研究了纵横术，同时分析了各国的形势。最后，他确定：自己今后的事业就是游说六国，让他们联合起来抵抗强秦。

合纵成功，佩六国相印

苏秦又一次离家远行。这一次他看准了形势，选择了位置僻远、实力不强的燕国。

苏秦向燕文侯分析了燕国的处境：秦、赵两国都想占有燕国，这对燕国的威胁很大。秦、赵两国中的任何一个都可以单独打败燕国，但无论哪一方得到燕国，另一方都不会罢休，所以到现在谁也没有得逞。一旦这两国中的一国强大起来，无法抵挡另一个国家的进攻，燕国就会连带遭殃，所以要早做准备。赵国离燕国比较近，所以燕与赵结盟，联合抗秦比较可行。

燕文侯觉得他分析得很有道理，十分欣赏他的口才和谋略，于是封他为相，并派他去游说赵国。战国时期最盛大的外交活动——"合纵"就从这里开始了。而苏秦也是从这里开始以他超强

| 周纪·秦纪 | 周纪 | 苏秦合相六国 |

的个人能力经营合纵事业，最后成功建立起六国联盟，达到身佩六国相印的辉煌顶峰。

苏秦先让赵国同意与燕国结为盟国，然后一步一步地使燕、赵、齐、楚、韩、魏六国结成以楚国为首的抗秦同盟。六国一致同意以苏秦为纵约长，并授予他相印，让他来管理各自国家的外交事务。六国以这种方式抗衡秦国，秦国不敢进攻其中的任何一个国家。这种稳定的局面维持了十几年，直到秦国以"连横"策略将其破坏。

当上纵约长之后，有一次苏秦经过洛邑。当时他乘坐着豪华的马车，后面跟着各国派来的使者，简直有天子的气派。周显王听说后，心中害怕，命人将街道扫得一尘不染，迎候苏秦的到来。苏秦的家人也来恭迎他。苏秦回到家里，一家人都战战兢兢。苏秦的嫂子更是态度谦恭，端上精心烹制的食物跪请苏秦享用。苏秦问她："嫂子，您对我的态度，前后可谓是天壤之别啊。过去您是何等轻视我，现在却又是何等恭敬。"

嫂子跪地请罪说："过去是我不对。弟弟今非昔比，当了大官，如此显贵，我再也不敢像从前那样对您了。"

苏秦听后十分感慨地说："同样是我苏秦，贫贱时连家人都不理睬，富贵了竟都如此敬畏我！可见世上之人，把财富和地位看得多么重要！"

苏秦晚年仍在为齐、赵、燕等国效力，后来他被齐愍王任用为客卿。不料，一些对他心怀不满的大臣居然派刺客来刺杀他。最后，苏秦被刺身亡。

苏秦仅以自己一个人的力量，让矛盾重重的六国联合起来抗击秦国，影响了战国时期的整个局势，创造了外交史上的奇迹，显示出了他惊人的外交才华。

▼苏秦六国封相
在苏秦的游说下，六国终于同意结成同盟，并共推苏秦为纵约长。此时的苏秦身佩六国相印，风光无限。

周纪·秦纪　　　　周纪　　　　张仪连横霸秦

周纪
张仪连横霸秦

公元前328年，杰出的纵横家张仪开始着手实施自己的"连横"策略。秦国的劲敌齐国在公元前317年的修鱼之战后，与楚国结盟，对秦国构成了很大的威胁。秦国要想向东边扩张势力，瓦解六国抗秦的合纵联盟，就必须首先解散齐楚之盟，削弱他们联合对抗秦国的力量。后来，张仪利用楚怀王贪婪的本性，施计骗得了楚国的信任，然后逐步说服齐、赵、燕等国连横亲秦，最终瓦解了六国的合纵联盟，这对列国兼并战争形势的变化产生了较大的影响。秦国后来吞并六国、一统天下的战争，就是在"连横"战略的基础上展开的。

"舌头安在？"

在六国结成"合纵"联盟后，秦国不敢贸然攻打其中任何一个国家。后来，张仪提出"连横"策略，以破解这一难题——利用各国之间的矛盾说服各国向秦国靠拢，让它们与秦国联合起来攻打其他国家，从而瓦解"合纵"联盟，最后秦国再将这些国家一个一个击破。张仪成功地实施了这一战略，有效地改变了当时的政治形势，对秦国日后统一天下产生了巨大影响。

张仪，生年不详，有人说他是魏国贵族后裔。青年时期，他曾与苏秦同在鬼谷子门下求学。他离开师门后，先来到魏惠王门下，遭拒，后到楚国也没有被接纳。无处可去，他就做了楚国令尹昭阳门下的客卿。

有一次，昭阳大摆宴席，招待门下众客卿。喝到兴起处，昭阳让人拿出他的家藏玉璧来给众客卿欣赏。哪知宴会结束以后，玉璧不知所终。因为张仪是新来的，家里又十分穷困，所以他成为众人怀疑的对象。昭阳审问张仪，张仪矢口否认。昭阳不信，命人把他痛打了一顿，然后把他轰出门外。

◀（战国）漆器
楚国从很早以前就开始制造漆器，楚国的漆器不仅使楚文化大放异彩，而且对秦汉漆器艺术的发展也产生了深远的影响。战国时期，楚国漆器的制作技术突飞猛进，日臻成熟。漆器上的纹样装饰丰富多彩，有几何纹、动物纹、植物纹等，其中几何纹千变万化，有三角纹、菱形纹、方格纹、弧线纹等。

伤痕累累的张仪艰难地回到家中。妻子得知他的这番遭遇之后，说："你要是不去学什么纵横术，不去四处游说，安安心心做个平头百姓，哪至于如此！"张仪忍着剧痛，用颤抖的声音问妻子："你帮我看看，我的舌头是否还在？"妻子回答："幸好你的舌头还在，不然你连饭都吃不了！"张仪不顾妻子的嘲讽，面露喜色，说："只要舌头没事，那就没什么好担心的了。吃饭算什么，最重要的是将来我还要靠它来做大事呢。总有一天，我会出人头地的！"

后来，张仪面对苏秦建立的"合纵"联盟，以"连横"之计破之。当然，游说六国投靠秦国，以破坏"合纵"，靠的正是这三寸不烂之舌。他和苏秦两位纵横家几乎掌控了战国中后期的风云变幻，操纵着当时的局势，以至于司马迁在《史记》中说他们两人是"倾危之士"。

周纪·秦纪　　　　周纪　　　　张仪连横霸秦

初试锋芒，破纵连横

秦惠王登上王位之后，沿用秦孝公确立的"任人唯贤"的政策，继续招贤纳士，天下士人纷纷投奔秦国。张仪也是其中的一员。他很快就受到秦惠王的赏识。公元前328年，秦惠王拜张仪为客卿，让他有机会为秦国讨伐六国的大业出谋划策。

张仪与公子华率兵攻破魏国蒲阳城（今山西隰县）。这时，张仪想趁机实践自己的"连横"策略，于是自告奋勇地恳请秦惠王让他到魏国去任国相，说他保证可以说服魏国投靠秦国，背弃"合纵"盟约。秦惠王同意了。

后来，张仪游说魏惠王说，即使是亲兄弟，也有可能为财产争得你死我活。六国各怀心思，根本不可能长期这样合作下去。魏国正好地处各国中间，而且地势几乎是一马平川，完全没有天险可据。一旦六国反目，魏国就会十分危险。要想保魏国长治久安，魏国只能投靠秦国。魏惠王竟然真的被他说动了，同意与秦国结为同盟。

这是六国"合纵"同盟第一次出现裂痕，也是张仪使用"连横"策略取得的第一次胜利。

入楚骗怀王破合纵

张仪回到秦国，凭借说服魏国结盟的功劳被封为秦国丞相。不久，他又请求秦王让他出使楚国，目的是破坏齐、楚联盟。张仪知道楚怀王是个目光短浅、贪婪无能的人，于是诱惑楚怀王说，楚国有了秦国这个靠山，齐国就不是楚国的对手了。秦国为表诚意，愿把商於之地六百余里还给楚国。楚怀王对此十分心动，决定封张仪为相，与齐国解除盟约。虽然楚国众大臣在一边苦苦劝阻，但楚怀王仍一意孤行。

楚国背约，让齐王非常生气，于是齐国也与秦国结成联盟。后来，楚怀王派人到秦国去接收张仪许诺的土地，不料张仪回到秦国后就以脚伤为名，三个月闭门不出，而且还对楚国使者说："我和楚王约定的是六里，哪里是六百里？"楚怀王知被骗，恼羞成怒，立刻派兵攻打秦国。但楚国实力远远不如秦国，公元前312年，楚兵在丹阳（今豫西南丹水之北）惨败，楚国将领屈匄等七十多人被擒，秦国夺去了楚国的汉中等地。而秦国先前占领的巴、蜀本与汉中相接，因此秦国自此疆域更广，实力更强。而楚国则已对秦国构不成多大的威胁。

楚王心有不甘，再次调动全部兵力攻打秦

▲伪献地张仪欺楚

张仪入楚地游说楚怀王与齐国绝交，并承诺将商於一带六百里土地献给楚国。利令智昏的楚怀王断然与齐国绝交，结果不仅没有得到献地，反而被秦军打得一败涂地。楚国损兵失地，元气大伤。

少年读全景 资治通鉴故事 1

▶ 周纪·秦纪　　▶▶ 周纪　　▶▶ 张仪连横霸秦

▲ 合纵连横
合纵连横是战国时期纵横家所宣扬并推行的外交和军事政策。合纵是"合众弱以攻一强"，即弱国联合起来抗秦；连横是"事一强以攻众弱"，即秦拉拢弱国中的一部分去攻其他弱国。另有说法是"南北联合为纵，东西为横"。当时著名的纵横家有苏秦、张仪和公孙衍等。

国，结果还是惨败。为了议和，楚国又被秦国割去两座城池。秦王提出用商於之地换取楚国黔中之地，楚怀王却表示愿用黔中之地换张仪来楚国，因为楚王想亲手诛杀张仪。张仪知道后，毫无畏惧，自行来到楚国。后来，张仪买通了楚怀王的宠臣靳尚和夫人郑袖，他们帮忙说服楚怀王，放走了张仪。至此，齐、楚两国从"合纵"盟约中分裂出来，站在了秦国的一边。

连横成功，封武信君

公元前311年，张仪又接连出使韩、赵、燕等其余几国，成功说服他们抛弃"合纵"盟约，与秦国结盟，彻底瓦解了"合纵"联盟。屡建奇功的张仪被秦惠王封为武信君，并得到五座城邑的封地，可谓辉煌一时。不久之后，秦惠王去世，他的儿子荡登上王位，是为秦武王。秦武王早就看不惯张仪，朝中对张仪心怀嫉妒的大臣趁机在秦武王面前添油加醋，说张仪的坏话。受形势所迫，张仪只好辞了相位，逃奔魏国，后被任命为魏相。公元前309年，张仪因病在魏国去世。

这就是纵横家张仪的一生。他在辅佐秦王期间，不仅使秦国在外交上屡屡占得上风，而且帮助秦国瓦解了"合纵"联盟，为秦国的扩张创造了条件。秦国能够"拔三川之地，西并巴、蜀，北收上郡，南取汉中"，也受益于他的努力。可以说，张仪对秦国实现统一大业的贡献是不可忽视的。

张仪在外交中一次次使用欺瞒、诱骗等方法，这一点可能不为人们所认可。但作为纵横家的开山祖师之一，他的机智、口才和外交策略，还是给人们留下了深刻的印象。其后的外交家们在语言方式和外交策略方面都深受他的影响。

▼ 张仪连横
张仪凭借自己的三寸不烂之舌成功离间各国，打破了天下"合纵"的局面，从而实现了"连横"。

| 周纪·秦纪 | 周纪 | 赵武灵王胡服骑射 |

周纪

赵武灵王胡服骑射

公元前326年，赵肃侯逝世。魏、楚、秦、燕、齐以凭吊为借口，各派万人精锐部队来到赵国，都想趁赵国旧君辞世、新主未立之机瓜分赵国。在赵国危在旦夕的情况下，赵国大臣肥义极力辅佐太子雍，以不惜与敌方同归于尽的气势，与各国展开殊死战斗，最终打退了敌人，挽救了赵国。第二年，太子雍登上君位，是为赵武灵王。赵武灵王大力实施"胡服骑射"等一系列改革，使得赵国迅速崛起，成为可与秦国匹敌的强国。而"胡服骑射"也在历史上被传为美谈，对后世产生了很大的影响。

强敌环伺，立志强国

赵国是在三家分晋后由赵襄子创建的。其领土范围包括现在的山西中部、陕西东北和河北西南地区，境内多山。赵国在历史上曾经十分强盛，后来实力渐渐衰微，以致东边和北边的林胡、楼烦以及与它相邻的中山国，都对它虎视眈眈。

公元前325年，赵武灵王登基。他是一位有理想、有气魄的国君，一心想要复兴赵国，决定大胆改革，励精图治。

▶（战国）云纹铜戈
此铜戈为战国中期兵器，出土于江陵九店452号墓，全长21.5厘米。

那时候，北方的胡人经常在赵国边境侵扰，他们个个长于骑马射箭，穿短衣，骑单马，行动迅速。赢则进，输则退，十分灵活。而赵国兵士穿的是袖子很长的宽大衣衫，行动不便；驾的是好几匹马拉着的木轮战车，进退不灵活。因此在与胡人作战时屡次失利。

赵武灵王思想开放，能够审时度势，锐意创新。看到这种情况，他产生了让军士们脱下汉服穿胡服、放弃战车练骑射的大胆想法。于是，赵武灵王召见大臣楼缓来商量此事。

赵武灵王对楼缓说："我们赵国北临燕国、东胡，西接秦、韩等国，还与中山相邻，它们对我国都是威胁。如果不奋发图强，无异于坐以待毙。长期以来，我们与胡人作战时屡次失利，这跟我们的衣装和作战方式很有关系。首先是我们的士兵穿的宽衣长袖，碍手碍脚，不如胡服那么轻便。其次，我们的战车又大又沉，驾驭起来很不方便，不如胡人单骑作战灵活。我想让全体将士改穿胡服，学习骑射，你看如何？"

楼缓听后眼前一亮，激动地说："大王英明！臣也有此想法，只是不敢提出，还是大王有魄力。如果改为胡服骑射，我们的劣势就不复存在。那样的话，我们一定可以扭转局势，战胜胡人！"

于是，赵武灵王身体力行，亲自穿上胡服做示范，以引领风气。

少年读全景
资治通鉴故事 1

▶▶ 周纪·秦纪　　▶▶ 周纪　　▶▶ 赵武灵王胡服骑射

▲（战国）弦纹鼎
此鼎高38.5厘米，宽39.4厘米，深腹圆底，带三环顶盖，盖倒转当盘使用时，三环为器足。

力排众议，坚持改革

中原国家向来轻视夷狄，当满朝大臣听说赵武灵王要穿胡服、学骑射时，都觉得不可思议。

有人说："堂堂中原大国竟然穿起蛮夷之服，这像什么样子呀！"有人把怒气全撒在楼缓身上，说是他唆使大王这么做的。其中赵武灵王的叔叔公子成反应最为激烈，他竟一气之下找了个借口不上朝了。大臣肥义对赵武灵王说："公子成在朝廷里很有威望，如果能够劝服他，其他大臣就好说了。"赵武灵王觉得很对，就决定先在公子成身上下功夫。

这天，赵武灵王来到公子成家。公子成还在气头上，看见赵武灵王那一身胡服，就更生气了。他毫不掩饰地说道："我只拜中原国君，不拜胡人。您还是换身衣服吧。"赵武灵王脸色一沉，道："为臣的应该听命于国君，你作为一个老臣，竟如此和我作对，是何道理？"公子成不服气地说："为臣的是应该服从国君，可是一国之君怎能背弃祖宗之法？我中原国家文明昌盛，怎能去学那些蛮夷！"赵武灵王早就料到他会这么说，因此并没有生气。他心平气和地向公子成细细讲述了他提倡胡服骑射的原因，最后感慨地说："我这番举动，岂是儿戏？正是为了强大我们的军队，使赵国不再受人欺压。赵国现在处境艰难，稍有不慎，就有亡国的危险。我们怎能守着祖宗传统眼看着胡人把我们打败？我知道您见多识广，这番道理不会不懂。"这一番话说得公子成心服口服，面露愧色。

次日，公子成也穿着胡服出现在朝堂上，引得大臣们一番议论。赵武灵王正式下令让国人改行胡服骑射，公子成也亲自劝说大家。最后，满朝文武百官终于陆陆续续穿起了胡服。不久，穿胡服、学骑射就成了整个赵国的一种风气。

胡服骑射，国威大振

胡服骑射在赵国推行开来。身穿胡服的士兵和将领们，在赵武灵王的带领下精心练习骑马和射箭，技术渐渐熟练。不到一年，赵国就培养出了一支装备精良、英勇善战的新式部队。

公元前305年，赵武灵王率领这支部队取得节节胜利，先是击退了中山国，然后又将东胡等部落收归治下。施行胡服骑射七年后，赵国又收复了中山、林胡等国，疆域进一步扩大。

从此，赵国实力大增，声威远扬，连实力强大的秦国都惧怕它三分。各诸侯国也效仿赵国推行骑射技术，胡服骑射广泛流传，影响深远。

"胡服骑射"是历代史家所称颂的一次十分重要的军事改革。赵武灵王不因循守旧，能够突破当时轻视夷狄的传统思想，不拘一格地学习先进的军事技术，同时不顾满朝文武的反对，坚持实施这一改革，可以称得上是一位很有魄力的改革先锋，值得后人学习。

周纪·秦纪　　周纪　　陈轸巧舌说列国

周纪
陈轸巧舌说列国

陈轸，生卒年不详，战国时期杰出的纵横家，在外交方面有很多出色的表现，但一生的仕途并不顺利。他是战国到秦汉年间活跃在外交舞台上的纵横家的典型代表：他们一般都没有高贵的出身，但却凭着出色的口才和谋略为诸侯所用，常常能将语言和智谋方面的才华发挥得淋漓尽致，以一己之力退敌百万，救国家于危难之中。但是，他们往往以保全自身利益为政治原则，所以不可能毫无保留地效忠于某一个国家，因而总是在列国之间游离。

陈轸巧舌劝退楚军

公元前323年，楚怀王派上柱国昭阳率兵攻打魏国。昭阳勇猛，楚兵士气也旺，一路连获大捷。打败了魏国，昭阳意犹未尽，又想去征伐齐国。消息传到齐国，齐王惊慌失措。当时陈轸正出使齐国，他对齐王说："大王不用担心，我一个人去就可以退楚兵。"齐王同意让他一试。

陈轸携厚礼来到昭阳的营帐中。恭敬地行礼之后，他先恭喜昭阳攻魏大获全胜，然后问昭阳说："依楚国律令，如果像您这样大败敌军，而且杀死敌军主将，楚王会如何犒赏？"昭阳回答："授予楚国的最高武官官职上柱国。"陈轸又问："上柱国之上还有什么官职？"昭阳回答："只有令尹一职了。"陈轸接着问："将军现在已经位居上柱国，而楚国已经有一位令尹，楚王会因为您战功显赫而将您也提拔为令尹吗？"昭阳说："不会。"

陈轸又说："给您讲个故事。从前有个人赏了一杯酒给众门客。门客们说，这一杯酒不够这么多人喝，干脆大家比赛画蛇，谁最快画成就把酒给谁喝。有个人很快就画好了，见别人都还没画完，他得意地想：我再给蛇画上脚也比你们画得快。于是他继续给蛇画脚。这时另外一个门客画完了蛇，把酒一饮而尽，嘲笑他说：'长脚的哪里还是蛇啊，您这不是多此一举吗？'那位给蛇画脚的门客懊悔不已。现在将军大败魏国，功劳已经很大了，您再去攻打齐国又是为什么呢？您身居高位，已经没有晋升的空间。而且楚军已经征战这么久，将士疲乏，而齐军一直在养精蓄锐。这种状况下，纵然楚军英勇，也难保万无一失。一旦遭遇不测，将军建立的赫赫战功岂不是毁于一旦？您这么做不是和那画蛇添足之人一样了吗？"

昭阳细想，确实如此。昭阳非常感激陈轸的提醒，不但盛情设宴款待陈轸，还以重礼相送。不久，昭阳就班师回国了。

诙谐破谗言

陈轸曾与张仪同为秦惠王做事，都很受重视。张仪见陈轸才能突出，担心秦王会偏爱陈轸而冷落自己，就找

◀（战国）鸟兽纹銎内戈

此戈通长14厘米。銎是戈上安装木柄的孔。銎内戈最早见于商代晚期，不过可能由于木柄容易松脱，不如以绳系穿牢固，所以在西周时期，这类戈已经逐渐消失了。到了春秋战国时期，銎内戈更是罕见。

周纪·秦纪 ▶▶ 周纪 ▶▶ 陈轸巧舌说列国

▲（战国）错银龙凤纹尊
此尊出土于江陵望山2号墓，通高17.1厘米，口径24.4厘米。战国中期以后，铜器铸造趋于简约，很少在陶范上制作纹样，代之而起的是各种嵌错工艺，以弥补素面的不足。这件铜尊盖面上有4组共36只凤纹，器身有6组共24只龙纹，纹样繁复多变，布局严谨有序，线条柔细畅达，为中原地区所少见。

机会向秦王说陈轸的坏话。有一次，张仪对秦王说："陈轸多次受大王之命携重金出使楚国，现在也不见楚国对秦国示好，倒是楚王与陈轸私交越来越密切。可见他是假公济私，暗中勾结楚王。我听说他有投奔楚国的意思，请您明察。"秦王听后很气愤，就召陈轸来问话。

陈轸来后，秦惠王便开门见山地问道："我听说你想离开秦国，要到楚国去，有这事吗？"陈轸一听就明白了三分，镇定地回答："有。"秦王强压怒火道："果然如张仪所说！"陈轸知道是张仪在背后说他坏话，便从容地解释说："这事不是只有张仪知道，而是路人皆知。"秦王一脸不悦。

陈轸又接着说："过去，伍子胥对吴国君主忠心耿耿，所以天下君主都想招他去做大臣；曾参对自己的父母孝顺有加，所以天下父母都想要他做儿子。家里的侍女在出卖时如果能被本乡人买走，就表明她是个好侍女；妻子被丈夫抛弃如果能再嫁给本乡人，就说明她是个好妻子。如果我对您真的如此不忠的话，楚王又凭什么认为我会对他忠心呢？忠心耿耿却被您怀疑，我不去楚国还能去哪里呢？"

这一席话说得秦王心悦诚服，秦王此后对陈轸非常信任。后来秦王封张仪为相，陈轸不愿受制于张仪，还是投奔到楚国去了。

▶▶ 周纪·秦纪　　▶▶ 周纪　　▶▶ 陈轸巧舌说列国

借虎斗谏秦王中立

当时楚怀王在张仪的诱骗下，背弃了与齐国的盟约。齐王一气之下兴兵伐楚。楚怀王急忙派兵迎敌。楚怀王担心秦国趁机攻楚，使楚两面受敌，于是就去向当时已投奔楚国的陈轸请教对策。陈轸说："请大王派我出使秦国，我为您解此后顾之忧。"楚怀王同意了。

陈轸来到秦国。秦惠王故意问他："现在齐、楚对战，你说本王应该支持哪个国家？"陈轸先不回答，而是讲了个故事。他说从前有个人叫卞庄子，十分勇敢，敢一个人上山打虎。一天，有个牧童急匆匆地赶来对卞庄子说："糟了！山上来了两只老虎，正在抢我的牛吃呢！"卞庄子一听，就拿起宝剑跑上山去。只见一只大老虎和一只小老虎正在互相撕咬，牛在一边战兢兢，许多人远远地站在一旁观看。卞庄子提着宝剑正要冲上去杀老虎，却被旁边的一个人拉住了。他说："这两只老虎这么打下去，总有一只会受重伤，另一只也会疲惫不堪。那时候你再出手，岂不省了力气？而且还能两虎兼得呢。"卞庄子觉得有理，就站在那里耐心等着。不久，小老虎被咬死，大老虎也受了重伤。卞庄子上去一剑刺死了大老虎，果然是两虎皆得。讲到这里，陈轸说："现在齐、楚对战，总有一个国家会被打败，而且两军都会有损伤。您不妨等其中一方招架不住了，再加入进去。到时再决定站在谁的一边。"

秦惠王觉得这么做对秦国很有利，于是就没有出动秦军，只是密切关注两军形势的变化。陈轸说这番话，似乎是为秦国利益考虑，让秦国可以坐收渔翁之利，其实是为了稳住秦国，避免秦国趁机袭击楚国，使楚国可以全力对付齐国而没有后顾之忧。陈轸高超的游说技艺可见一斑。

"借彼之谋，成我之功"

尽管陈轸很有才能，昏庸的楚怀王却一直没有重用他。于是他又离开楚国，到魏国去了。当时，张仪已经来到魏国，很受魏王赏识。昔日冤家又碰头，张仪仍然不放过陈轸。他对魏王说："陈轸一直对楚国忠心耿耿，不可能轻易就背弃楚国。他如果在魏国做官，一定会找机会为楚国谋利。"魏王听信此言，拒绝了陈轸。但这并没有让陈轸消沉下去。足智多谋的陈轸后来正是利用了张仪的这番诬告，成全了自己。他不仅没有去为自己辩护，反而努力将张仪对他的诬陷传扬出去。这些话终于传到楚王的耳朵里。在魏国的恶名变成了对楚王的忠心，这回楚王终于相信了他，打算对他委以重任。陈轸这一招叫作"借彼之谋，成我之功"。

像陈轸这样的纵横家是战国到秦汉年间一群活跃的外交奇才。他们机智善辩，巧用计谋，往往能凭个人能力对整个国家局势产生影响。历史上常说他们"朝秦暮楚"，是说他们一般不专事一国。在道德上，他们不一定会被认可，但在那个国与国互相争斗的时代，他们将自己的机智和口才发挥到如此地步，创造出那样的外交成就，是令人惊叹的。

◀（战国）兽形纽铜盖豆
此铜豆分盖、底两部分，造型类似高足盘，上部呈圆盘状，盘下有柄，柄下有圈足，豆盘与盖相合，盖上有四只兽形纽。器表铸出花纹凹槽，再填入绿松石、天然漆制品等，装饰工艺细致。

周纪·秦纪 ▸ 周纪 ▸ 司马错舌战张仪

秦国名将司马错先后辅佐秦惠王、秦武王、秦昭王三代国君,一生征战无数,功勋显赫。但最为人所称道的,是他舌战张仪的佳话。那时的秦国要向中原扩张势力,就不得不对付楚国。司马错主张先攻取蜀国,使秦军可顺流而下攻楚,如此一来,楚国的天然屏障长江天险就形同虚设。张仪则提议秦国与魏、楚两国结盟讨伐韩国,进而控制周天子,然后以此号令天下诸侯,从而确立霸业。司马错以理相争,与张仪一一辩驳,最终说服了秦惠王。司马错伐蜀对后来秦国统一天下影响巨大,意义不亚于商鞅变法。如果说商鞅变法为秦国的统一大业提供了经济条件,司马错伐蜀则为之创造了军事上的巨大优势。

周纪
司马错舌战张仪

▶(战国)谷纹玉饰
古代玉佩由璧、珠、管、夔龙等部件串联而成。玉璧上部有方孔,可穿绳系于身上,下部两侧饰有夔龙,可分别穿绳系双行玉管、玉珠,再合股系扁形玉管、夔龙。除玉珠外,皆饰谷纹,且有芽。

唇枪舌剑战张仪

战国中期,秦国在一系列行之有效的变法之后渐渐成为一个实力强大的国家,开始跃跃欲试,企图向外扩张势力。于是,秦惠王召集大臣商议对外扩张的计划,司马错和张仪成为互相争论的两大主角。

张仪说:"我认为我们应该与魏国和楚国结盟,然后攻占三川(今河南洛阳一带,因境内有黄河、洛河、伊河三川,被称为三川之地);进

▶(战国)剑首
剑首是镶嵌在剑柄顶端的一种装饰品,一般以玉或金属制成,通常为扁圆形,镂刻有花纹。在战国时期的剑首中,也有一些方形剑首。

而占领新城(今河南伊川西)和宜阳(今河南宜阳西),一直到达周王国边境,然后控制周天子。那时我们掌握了周王室的九鼎和天下的地图、户籍,就能称霸天下了。那蜀国是夷狄之国,地方偏僻遥远,占之何用?以我们的实力,要争就争三川和周王室这样的要害之地,这才是称霸的捷径,怎能把目光放在小小的蜀国之上?"

司马错反驳说:"您的计划要真正实施起来谈何容易!我曾听说,要想称霸天下,三大条件缺一不可:一要国家强盛,二要兵力充足,三要天下归顺。要想国家强盛,就必须扩大疆域;要想兵力充足,就必须让百姓过上富足的生活,吸引其他国家的百姓到我国来,并要有足够的财力供给军队;要想天下归顺,就要仁慈地对待天下百姓。但现在秦国土地不够广阔,人口太过稀少,必须首先增加国力才行。蜀地偏僻,现任君主残暴,国内民怨沸腾。我们攻打蜀国,一

周纪·秦纪 　　周纪 　　司马错舌战张仪

不需要兴师动众就能轻易拿下，二可以博得为百姓除害的美名。还有第三点最重要，就是我们占据了那里的土地、百姓、财物，可以增强我们的国力。霸业难图，不可急于求成。等我们积蓄了足够的实力再称霸天下，就是水到渠成的事了。"

司马错顿了顿，又对张仪说："周天子虽然实力不存，但各诸侯在名义上还是尊他为王的。我们一旦破了此例，一是会落得个僭位的坏名声，二是对其他国家构成了明显威胁，他们很可能会联合起来进攻秦国。以我国现在的实力，灭蜀可谓轻而易举，但要对付六国联军，恐怕会招架不住。那样的话，后果就不堪设想了。"

秦惠王仔细考虑之后，最后打算依司马错之言而行。于是秦国密切关注巴、蜀动静，打算一有机会就出兵攻打。

秦灭巴蜀之战

巴、蜀两国历史悠久，文化昌盛，是当时西南各国中实力最强的国家。两国位于今四川、重庆地区，山多道险，易守难攻。秦、楚曾多次派兵攻打，都无功而返。但两国之间矛盾尖锐，无法和睦相处。苴国（都城在今四川昭化）也是西南地区比较强大的国家，是巴国的同盟国，两国常常合力抵抗蜀国。

有一次，蜀国派兵进攻苴国，巴、苴联军败下阵来。苴国与秦国曾为共同防范楚国而结盟，苴侯决定向秦国求援。与此同时，蜀国为了不让秦国出兵干涉，也前去与秦国商量结盟。于是，两国使者各携厚礼前往秦国。

秦惠王见此情形非常高兴，觉得是天赐良机，于是收下两国大礼，对两国的要求都表示接受，两国使者满意而归。然后，秦惠王派张仪、司马错、张若、都尉墨等大将率领秦国精锐部队急速赶往苴国。

苴国打开剑门关迎接秦军。秦军挥师直指蜀国国都。蜀王完全没有想到秦国会有如此举动，猝不及防。秦军士气十足，所向无敌，蜀王战败，被秦军杀死于葭萌（今四川剑阁东北），蜀国就此灭亡。然后，司马错、张仪等人又反过来攻打苴国与巴国。两国军队本来就已被蜀国打得狼狈不堪了，更是不敌秦军。巴国和苴国也被秦国占领。就这样，巴蜀之地尽入秦国囊中，秦国实力更加强大。

灭蜀之后，不到一百年的时间，秦国就统一了天下。可以说秦国的统一大业在很大程度上得益于司马错的这一正确战略。

获取蜀地，对秦国产生了深远的影响，《史记》说："蜀既属秦，秦以益强，富厚，轻诸侯。"可见，司马错的确是一位很有战略眼光的杰出军事家。

周纪·秦纪　周纪　燕昭王金台招贤

周纪
燕昭王金台招贤

公元前315年，燕国的一场王位纷争几乎导致燕国覆灭。事情是从燕王哙禅让王位开始的，他一改王位世袭的传统，传位给当时燕国的相国子之。后来，燕国太子平为夺取王位，与子之展开了内战。平向齐宣王寻求帮助，齐国却趁机派出大量兵力，一举攻占燕国都城，杀死了燕王哙与子之，平也死于战乱。齐国的行为引起了各国的抗议，以致齐军不得不撤出燕国。公元前311年，燕公子职在赵武灵王和秦惠王的帮助下，结束在韩国做人质的生活，回到燕国继承王位，这就是燕昭王。燕昭王是一位礼贤下士、用人不疑的国君，在众多贤臣的辅佐下，燕国从战乱之后的孱弱中重新崛起，一跃成为战国七雄之一。

▲（战国）彩绘陶女俑一对
这对陶俑分别高6.7厘米和6.5厘米，表现的应是侍女的形象。战国彩绘陶俑较为少见，因为这些色彩是陶俑烧制完成后涂绘上去的，比较容易脱落。

千金买马骨，招揽天下贤

燕昭王登上王位时，燕国刚刚经受了内乱和齐国的入侵，国内生产凋敝，民不聊生。而齐国仍然对燕国垂涎三尺，时时都威胁着燕昭王的统治。这种局面对一个新上任的君主来说，实在是一个严峻的挑战。燕昭王深深地认识到，国家的强盛离不开贤能人士的辅佐。燕国的复兴，必须从求取贤士开始。于是，他找来太傅郭隗，商议招取贤士一事。

郭隗想了很久，才对燕昭王说："良禽择木而栖。贤士愿意辅佐的是那些善待他们、能够给他们用武之地的国君。您应该让他们知道，您就是一个这样的人。如果您能够礼贤下士，表现出求贤若渴、敬贤如师的诚意，那么贤士就会尽心竭力地为您效劳，各方贤士也会慕名前来投靠您。我给您讲个'千金买马骨'的故事。从前，有一位国君非常希望自己能拥有一匹千里马，他昭告天下，表示愿出千镒黄金来买千里马。但是整整三年，居然没有一个人前来献马。这位国君非常失望。一位侍臣见状，自告奋勇表示愿意出宫为他去搜寻千里马。国君同意了。这位侍臣四处探寻。一天，他看见一匹马死在路旁，许多人围在那里议论纷纷。只听见人们说：'好好的一匹千里马却死掉了，真是可惜。'侍臣沉思片刻，决定以五百镒黄金买下这匹死马。他把死马运到宫中，国君知道后火冒三丈，说：'你说为本王买马，结果现在买匹死马回来。你是想戏弄本王吗？'侍臣说：'大王您先别生气，容臣细说。臣是这么想的，世人听说您愿意以五百镒黄金买马尸，就知道您确实诚心求取千里马，就会相信如果有活的千里马，您一定愿意出更多的黄金。这样就会有很多人来向您献马了。'果然如其所言，献马的人很快多了起来。几个月后，这位国君就如愿以偿地买到了三匹千里马。如今大王也希望招揽'千里马'，郭隗不才，算不上'千里马'，但不知是否可勉强算是

周纪·秦纪　　　周纪　　　燕昭王金台招贤

'马骨'一具呢？"

　　燕昭王听后恍然大悟，当即对郭隗施以大礼，拜其为师，后来还为他修筑了漂亮的府邸。不久，燕昭王又命人筑高台于易水之畔，并置大量黄金于高台之上，以招徕天下贤士。因此这一高台叫作招贤台，也叫黄金台。

　　燕昭王高筑黄金台以招徕贤才的故事在历史上传为佳话，为后世士人所称道。唐代著名诗人李白就曾作诗歌咏此事："燕昭延郭隗，遂筑黄金台。剧辛方赵至，邹衍复齐来……"

▲千金买骨

以千金买马骨，表现出对千里马的重视与渴求。"千金买骨"这个成语后来引申为重视人才、期望得到贤才。

重用贤臣，改革内政

　　如郭隗所说，燕昭王很快就因礼贤下士名扬天下，各方贤士能人源源不断地投奔到燕王门下。燕国一时之间成为贤才云集之地，其中包括早已名闻天下的大师，如阴阳五行家邹衍。

　　邹衍是齐国人，齐人对他十分尊敬。他游历其他诸侯国时，各国也都以上礼待之。他到魏国时，魏惠王亲自出宫远迎；他到赵国时，平原君恭敬地以自己的衣袖为他的座席拂尘。

　　燕昭王更是对他礼遇有加。据记载，为迎接邹衍，燕昭王亲自为他清扫道路；落座时又将他扶上上座，自己则坐在弟子席上，然后像弟子请教先生那样毕恭毕敬地聆听邹衍的教诲。后来，燕昭王还专门为邹衍建造了一座碣石宫，作为其居住讲学之所。

　　燕昭王牢记与齐国的大仇，在选用人才时也为日后报仇做准备。他招徕了一批熟悉齐国地势、了解齐国国情，而且有领兵打仗之能的人才，以厚礼待之。乐毅是这群人中才能最为突出的一位。在乐毅的辅佐下，燕昭王进行了一系列

内政上的改革：第一，修正法律，严明法纪，严格审查官吏，考核政务，以整顿营私舞弊的官场风气；第二，确立公正的选才标准，任人唯贤而不看其地位和亲疏关系，使贤能之人广泛参与到国政中来；第三，奖励遵纪守法的百姓，包括地位低微的贫民和奴仆，以促进社会稳定；第四，整顿军纪，训练战术，以提高军队战斗力。这些措施起到了很好的效果，使得燕国百姓生活安定，军队实力大大增强。

　　此外，燕昭王还经常抚恤百姓。他常常亲自去探望那些有丧事的人家，还派人去向那些刚生了孩子的家庭贺喜。慢慢地，他赢得了百姓的信任，受到燕国上下的拥戴。

　　就这样，燕昭王励精图治二十八年，燕国渐渐兴盛起来，成为一个百姓富足、国库充实、军队强盛、政治清明，而且上下齐心的国家，跻身战国七雄之列，具备了讨伐齐国、报仇雪恨的实力。

| 周纪·秦纪 | 周纪 | 甘茂巧谏秦武王 |

周纪
甘茂巧谏秦武王

战国时期,秦国秦武王在位期间,甘茂和樗里疾分任左、右丞相。两人同样在攻打韩、赵、魏、楚等国的战争中立下汗马功劳,但秦武王对他们的态度却迥然不同。樗里疾是秦惠王的亲兄弟,所以秦武王对他十分信任。而甘茂来自秦国的敌国楚国,尽管他才能突出,但秦武王还是信不过他。公元前308年,甘茂受秦武王之命前去攻打韩国的宜阳,在这之前,为防秦武王反悔,他特地与秦武王定下息壤之盟。从这里我们也可以对他们君臣之间的隔阂有所了解。

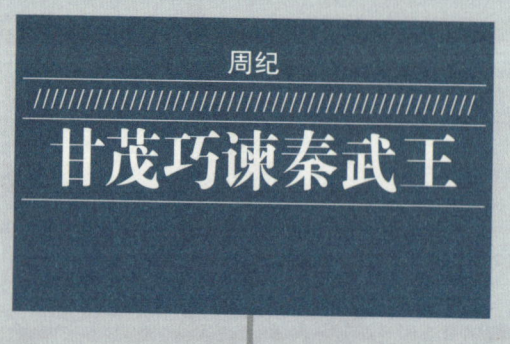

秦武王的雄心

秦武王登基时,蜀国已灭,秦国国内安定富足,国势蒸蒸日上,于是秦武王又开始对"车通三川,窥周室"跃跃欲试。他对右丞相樗里疾、左丞相甘茂说:"寡人听说中原十分繁华,可惜至今不曾亲眼见过。能到周王畿去看看,亲眼见见天子重器九鼎,是寡人的一大心愿。如能得偿所愿,则此生无憾。你们两位谁能攻下宜阳,为寡人打开中原门户?"

◀ (战国)刻花黑陶罐
此陶罐高33.6厘米,口径12.2厘米。口微侈,长颈,溜肩,圆腹,圈足。罐肩上有对称的铺首。从肩至底装饰有7组弦纹,每组由3条弦纹组成。各组弦纹间分别刻有流水纹、海浪纹、三角纹等。通体施黑釉。

樗里疾听后,很不赞同这一决定,说:"韩国宜阳城池坚固,防备森严。我军此去路途遥远,关隘重重。劳师袭远,孤军深入,对我军十分不利。况且,魏、赵两国很可能出兵助韩国守宜阳,趁机联合攻打我军。一旦如此,我军恐怕很难应对。请您三思。"秦武王听了之后面有愠色。

甘茂本来希望秦国进军中原,但又觉得樗里疾说的不无道理,就说:"可以先让臣到魏国说服魏王与我国联合攻韩,这样我军的胜算就大一些了。"樗里疾还想劝止,但急于问鼎中原的秦武王立刻就答应了甘茂的建议。

甘茂到魏国向魏王大讲与秦联合攻韩对魏国的好处,魏王被他说动了,同意与秦结盟。

"曾参杀人"

甘茂知道朝中像樗里疾一样对他的策略持反对意见的人不少,而攻打宜阳也不可能速战速决。时间长了,若是这些人在秦武王面前说三道四,秦武王很可能会动摇攻打宜阳的决心。于是,甘茂从魏国回秦之前,先派人送了封信

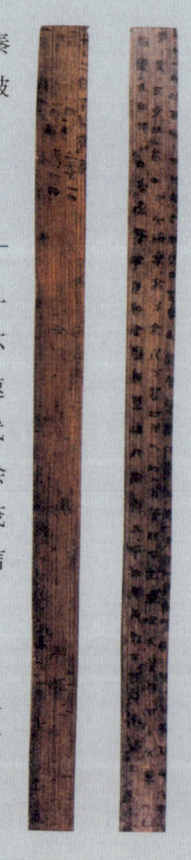

▶ (战国)青川郝家坪木牍
此木牍为1980年四川省出土的青川郝家坪木牍,牍上三行墨书为战国晚期秦武王二年(前309)的手迹,被视为目前年代最早的古隶标本。此牍纵有行、横无格,字距大、行距小,字形扁,取横势。

▶▶ 周纪·秦纪　　▶▶ 周纪　　▶▶ 甘茂巧谏秦武王

(战国)附盖方形簋
此器高25厘米,为附盖方形簋。器腹为方口、折壁、圈足,口沿装饰有小兽首,足侧镂空为几字形。盖上有动物形纽,盖面饰以镂空几何纹。

给秦武王说:"魏王已答应与秦结盟攻打宜阳,但攻打宜阳困难重重,还请大王慎重决定。"秦武王不明白甘茂为何在这时候还在迟疑,于是亲自去息壤迎接甘茂。一见到甘茂,秦武王就问:"既然魏国都同意结盟了,你为什么又动摇了?"

甘茂答道:"宜阳是韩国的军事重地,韩国以重兵把守,根本不可能轻易攻下。我军此去宜阳有千里之遥,长途行军又难以补给。我军不出兵则已,出兵就志在必得,否则将前功尽弃。现在谁也不知道这一过程中是否会有什么变故。"

秦武王不解地问:"你说的是什么变故?"

甘茂没有直接回答,先给秦武王讲了个"曾参杀人"的故事:曾参是孔子的弟子,以孝闻名。他曾在费邑(今山东费县)居住。一次,费邑有个也叫曾参的人杀了人。这天,曾参的母亲在院中织布,突然有人冲进来告诉她说:"曾参杀人啦!"曾参的母亲根本不信,说:"我儿子不会杀人的。"然后继续织布。不久,又有个人来告诉她说:"曾参杀人啦!"他母亲仍然不信,摇摇头,继续埋头织布。不一会,又有一个人来告诉他的母亲说:"曾参杀人啦!"这回他的母亲坐不住了,心里很担心,就扔下织布机,匆忙逃走了。

讲到这里,甘茂说:"曾参是那么贤德的人,他的母亲原本那么信任他,可别人都说他杀了人,他的母亲最后还是动摇了,相信了本来不可能的事。现在,我的才德远不如曾参,大王对我的信任也比不上曾母对曾参的信任,而且朝中不支持我的人也不止三个。要是我长时间攻克不了宜阳,朝中一定会有很多人说三道四。如果大王您也像曾母一样,我该怎么办呢?"

订立息壤之盟

秦武王听后,明白了甘茂所担心的事情,就说:"甘丞相多虑了。寡人不可能轻信谣言的。为了让你放心,寡人可以与你立下盟誓。"于是君臣二人在息壤举行了隆重的仪式,定下盟誓。

然后,甘茂领命率五万精兵前去攻打宜阳。五个月过去了,宜阳依然没有被攻克。巨额的军需消耗着秦国的国力。渐渐地,朝中反对之声四起。右丞相樗里疾对秦武王说:"我军久攻宜阳不下,将士疲惫,元气大伤。再战下去,恐怕会有不测,不如撤兵回国。"

武王见甘茂久攻不下,心里也觉得希望渺茫,当初的决心早已动摇,经大臣们一说,马上派人传令让甘茂撤兵回朝。甘茂没有立即行动,而是给秦武王送来了一封信。武王打开一看,只见信上写着两个字:息壤。秦武王猛然醒悟,马上又下令让大将乌获率五万援兵前去增援甘茂。

在援兵的帮助下,甘茂终于打败了韩军,攻下宜阳城。韩国损兵折将达七万人,已是元气大伤,只好向秦国求和。就这样,秦军夺取了宜阳,打开了进军中原的门户。

少年读全景
资治通鉴故事 1

▶▶ 周纪·秦纪　　▶▶ 周纪　　▶▶ 孟尝君过函谷关

周纪
孟尝君过函谷关

孟尝君姓田名文，战国时期齐国王室宗亲，靖郭君田婴之子。他承袭田婴的爵位，封于薛（今山东滕州东南），称薛公，号孟尝君，他与赵国的平原君赵胜、魏国的信陵君魏无忌、楚国的春申君黄歇，合称为战国四公子。孟尝君最大的特点是重视人才，且因不惜花费重金供养大量门客而声名远扬。当时许多士人都来归附于他，对他的政治事业起到了很大的帮助作用。据说，极盛时，他手下的门客达三千多人，这些人中有的确实才能卓著，但也有鸡鸣狗盗或滥竽充数之徒。

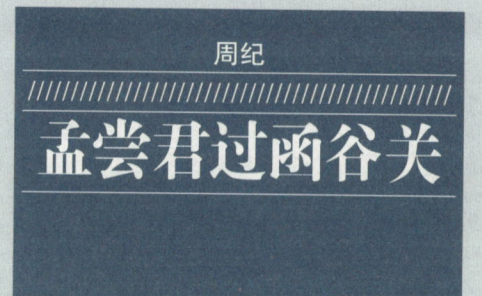

赴秦入虎狼之穴

公元前299年，孟尝君受秦昭王之邀，带着几个门客来到秦国。

这一时期，秦昭王以拆散齐楚同盟为要务，为此不惜采用一切办法。他邀请孟尝君，是因为听说孟尝君在齐国深得人心，而且也确实很有才能，想任命他为秦国的相国。秦昭王盛情接待，孟尝君奉上一件上好的银狐皮袍作为初次见面的礼物。秦昭王很喜欢，特地叫人将这皮袍妥善地保存在王宫内库中。

时任秦相的樗里疾得知秦昭王有意要封孟尝君为相国后，担心自己的地位受到威胁，就派人在秦昭王面前中伤孟尝君，说："田文是齐国王室宗亲，而且门客众多，势力不小。如果对他委以重任，难保他日后不吃里扒外，暗地里为齐国效命，那就对我们秦国很不利了。"

这话提醒了秦昭王。于是他想送孟尝君回齐国去。结果樗里疾又说："孟尝君这些人来秦国这么多天了，知道秦国许多情况，就这么让他们回去怎么行？"

最后，秦昭王决定把孟尝君等人软禁起来。

钻狗洞盗得狐裘

陷入这样危险的境地，孟尝君很担心。后来，与他有旧交的秦国泾阳君指点他在秦昭王宠爱的妃子燕姬身上做文章。孟尝君赶紧命人带着白璧之类的厚礼前去求见燕姬，请她帮忙。燕姬表示，除非孟尝君送她一件银狐皮做的袍子，她

▲鸡鸣狗盗
孟尝君门下的食客众多，他们个个身怀绝技。孟尝君被困秦国，后在门客的帮助下才顺利脱险。

| 周纪·秦纪 | 周纪 | 孟尝君过函谷关 |

才愿意为他们说话。

　　孟尝君有些为难。此次到秦国来，他只带了一件银狐皮袍，就是送给秦昭王的那件见面礼。如今，到哪儿去再找一件来呢？他的一个门客站出来说："让我去为您找一件吧。"原来这个门客擅长偷盗，他打算去把送给秦昭王的那件偷回来。孟尝君让他去了。他打探到那件皮袍放在王宫内库中，就趁夜深人静的时候，钻过狗洞，进了王宫，然后小心地避过守夜人，神不知鬼不觉地把那皮袍偷了出来。

　　后来，泾阳君帮孟尝君把皮袍进献给燕姬，燕姬非常满意，就为孟尝君向秦昭王说情。最后，秦昭王被说动了，决定放过孟尝君，同意让他们回国，并把通关文书发到了他们手中。

学鸡鸣顺利出逃

　　孟尝君害怕秦昭王反悔，就带上通关文书，和随从们一起悄悄离开了咸阳，快马加鞭、一刻不停地往齐国的方向赶。赶到函谷关（今河南灵宝）时，已是深夜。

　　秦国法律规定，公鸡打鸣的时候才开函谷关，而当时离鸡鸣时分还有好几个时辰。就在一群人愁眉不展之际，几声鸡叫声忽然在身边响起，紧接着附近人家的公鸡也都此起彼伏地叫了起来。后来才知道，原来那第一声鸡叫是一个门客发出的，他能把鸡叫学得跟真的一样。

　　守关人听见鸡叫声，就迷迷糊糊地起来，打开了关门。孟尝君一行人于是得以顺利出关。

　　后来，樗里疾得知孟尝君等人偷偷上路回国了，赶紧奏请秦昭王派人去追。但孟尝君他们已经走出函谷关很远了，哪里还追得上。就这样，孟尝君一行人顺利地回到了齐国。

　　此次脱险，两位门客功不可没。虽然偷盗和

▲（战国）陵阳壶
此壶通高34.8厘米，口径11.6厘米。有盖，盖顶有莲瓣状捉手，口微侈，束颈，肩部两侧各置一铺首衔环，鼓腹，矮圈足。莲瓣状捉手中央饰以涡纹，口沿下以红铜镶嵌锯齿纹，由肩至下腹等距离镶嵌三周红铜。口沿部刻有铭文"陵阳"二字。

学鸡叫都是让人瞧不上眼的小伎俩，但关键时刻却派上了大用场。从此，其他门客都对这两个人刮目相看，对孟尝君不拘一格招徕人才的做法也更加佩服。

　　对于孟尝君手下这些人，人们有不同的评价。有人认为，这些人各有绝技，能救孟尝君于危困之中，说明孟尝君很善于识人，能不拘一格地网罗人才，在关键时刻派上用场。也有人认为，这些人不过是些鸡鸣狗盗之徒，使用一些难登大雅之堂的小伎俩，根本算不上能够做大事的人才，只是由于偶然的机会才发挥了作用。

赵主父饿死沙丘宫

公元前299年,赵武灵王退位,以主父之位自居,让幼子何继位。后来,赵主父出于对被废的长子章的同情,想从赵国分出代郡和中山之地让长子章任代王。这一想法导致了一场激烈的权力之争,最终酿成公元前295年的"沙丘宫变"。赵武灵王英明一世,在选择继承人、移交王权这么重大的事情上却做出了错误的决定,以致自己落得活活饿死的悲惨结局。

立储失误,埋下隐患

公子章是赵武灵王的第一任夫人所生,出生后即被立为太子。后来,赵武灵王又娶了吴娃,生下公子何。吴娃十分美丽,深为赵武灵王所宠爱,可惜年纪轻轻就去世了。临终前,她请求赵武灵王立何为太子,赵武灵王就满足了她的遗愿,废了前太子章。

公元前299年,赵武灵王将王位传给太子何,是为赵惠文王。朝中大臣继续辅佐赵惠文王,肥义也依然担任国相。赵武灵王自己则号为主父,只负责军事方面的事务。

赵惠文王在肥义等人的辅助之下,渐渐承担起一国之君的重任。但是,无辜被废的公子章却成为赵主父的一个心结。公子章长于赵惠文王十岁,长得气度不凡,很有赵主父的神采,太子之位被废除后,他并没有表现出什么不满,依然对赵主父孝敬有加。赵主父每次面对他,心里总有隐隐的愧疚,很想找机会补偿他。

后来,赵主父把公子章封为安阳君,礼仪排场不逊于赵惠文王,还派田不礼辅佐公子章。田不礼来自齐国,曾在齐国有些势力,后来衰落了才来到赵国。田不礼心有不甘,一直想要重整旗鼓。于是,他经常煽动公子章夺回王位。时间一长,公子章真的动心了。

后来,赵主父有意从赵国分出代郡等地,让公子章任代郡之王,地位与赵惠文王几乎不相上下。肥义知道公子章很有才干,如果当上代王,一定会有很多大臣被他拉拢过去,那就对赵惠文王很不利了。于是他劝说赵主父,说一国不能有二主,否则容易引起内乱。赵主父觉得很有道理,就没有实行这一计划,但对肥义的劝阻很不高兴。

▲赵主父饿死沙丘宫
赵武灵王在选择继承人的问题上做出错误决定,导致一场宫廷夺位斗争爆发,一代枭雄赵武灵王被饿死在沙丘宫内。

周纪·秦纪　　周纪　　赵主父饿死沙丘宫

赵惠文王与肥义感到他们的处境十分危险，担心有一天会被公子章取而代之。于是，他们就开始紧锣密鼓地做准备。肥义先是派大将信期紧随赵惠文王左右，对赵惠文王加以严密保护，又命大臣李兑和公子成悄悄带领一些兵马驻扎到都城之外，时时关注城中动静。此外，他还让赵豹把守邯郸，不让外地兵力进城。与此同时，赵惠文王牢牢控制住兵符，肥义则仔细打探消息，做好整体部署。公子章先被取代太子位，这回封王又受阻，于是对赵惠文王和肥义心生怨恨，暗中也在谋划，准备采取行动。

沙丘宫变，枭雄饿死

公元前295年，赵主父提出要到沙丘（今河北平乡东北）为自己选一块墓地，要公子章与赵惠文王陪同前往。赵惠文王怕有不测，就带上肥义和信期跟着去了。来到沙丘，赵惠文王住一个行宫，赵主父和公子章则住在另一个行宫。

田不礼建议公子章趁此机会杀死赵惠文王，然后掌控赵主父，逼赵主父正式封他为王。于是，公子章动用赵主父的令符，谎称赵主父有事请赵惠文王前去相商。肥义觉得事情蹊跷，就嘱咐赵惠文王多加小心，让信期严加守卫，并派人立刻前去传信给公子成与李兑，让他们做好接应准备。安排妥当之后，肥义只身前往主父宫。公子章与田不礼见来的只有肥义，推测赵惠文王他们一定早有防备，便决定立即下手，让他们猝不及防。他们杀了肥义，又派人去杀赵惠文王。赵惠文王见肥义一去不返，知道情况不妙，早令信期摆好架势，准备迎敌。公子章的人马到来后，双方大战起来。李兑与公子成也率众迅速赶到，加入这场大战。

没过多久，赵惠文王的军队就占了上风，公子章与田不礼败下阵来。后来，田不礼逃到宋国去了。公子章被逼至主父宫门前，赵主父连忙叫人打开宫门，让他进来避难。但已经来不及了，公子章被追上来的李兑杀死在主父宫外。

信期、李兑、公子成知道率兵围攻主父宫是大罪，会受诛族之罚，但赵主父站在公子章的一边，是赵惠文王的敌人，于是他们动了置赵主父于死地的念头。他们把赵主父一人困在宫中，把守宫门不让他出来。年迈体衰的赵主父被软禁在宫里。三个月后，宫中粮食吃尽，赵主父饥饿而死。赵惠文王一直不知此事，直到公子成来报告主父死讯时他才知道。后来，赵惠文王下令厚葬主父，赵人为之哀恸。

赵武灵王本是一位开明君主，可惜在选择王位继承人时很不理智，导致了一场残酷的夺位斗争。他英雄一世，而结局却如此悲惨，令人唏嘘。

▶（战国）银首人俑铜灯
此铜灯出土于河北省平山县中山王墓。整体造型为一长袍银首铜人立于兽纹方座上，铜人两臂张开，一手握双蛇，一手托一高柱灯盘。高柱上有蛇攀缘戏弄一只向上攀爬的猴子。此铜灯造型奇特，构思巧妙，是一件难得的艺术佳品。

周纪

乐毅破齐

乐毅，字永霸，生卒年不详，战国中期著名政治家、军事家。他的先祖乐羊是魏文侯手下的将领，曾率兵攻取中山，因功被封在中山灵寿（今河北灵寿），从此乐氏子孙便世代定居于此。中山复国后，又被赵武灵王所灭，乐氏也就成了赵国人。乐毅深谙兵法，很有才能，在赵国时就很受器重。公元前295年，赵国发生"沙丘宫变"后，他为避祸离开赵国来到魏国，并当上了大夫。没过多久，他又受到一代明主燕昭王的赏识，于是又离开魏国前往燕国，被燕昭王委以亚卿之职，掌管燕国的军政大权。公元前284年，乐毅被拜为上将军，统领五国军队攻打齐国。

官拜上将军，统率五国兵马

燕昭王高筑黄金台，招得大量贤才之后，在他们的辅佐下励精图治，燕国被治理得井井有条，国力日盛。而与燕国结下仇怨的齐国在这一时期对外肆意征战，使得许多诸侯与之为敌。与此同时，为了满足对外战争的需要，齐湣王在国内对百姓横征暴敛，导致民怨沸腾。

燕昭王认为燕国向齐国报仇的时机已经成熟，决定讨伐齐国。但齐国的实力仍然不容小觑，凭燕国一国之力是不可能战胜它的。燕昭王决定采用乐毅提出的建议，"与天下共图之"。

经过研究分析，燕昭王和乐毅对时局有了很清晰的认识。他们发现赵国在吞并了中山、夺取了周边胡人之地以后，崛起为一大强国。当时，齐、秦、赵是实力最强的三个国家，他们相互之间构成威胁，互相牵制。有一座城是三方都想争夺的，那就是宋国的定陶，定陶是中原地区首屈一指的繁华都市。

燕昭王和乐毅认为，燕国正好可以借此激化秦、赵与齐的矛盾，如果诱骗齐国吞灭宋国，秦、赵一定不依，而且齐国对韩、魏、楚等国也构成威胁。如此一来，齐国就成为众矢之的了。

确定下这一战略之后，燕国就开始行动了。在齐国面前，燕国依然显得十分恭顺，还屡次向齐湣王进献稀世宝物和绝世美女，使齐湣王觉得燕国对他只有巴结的份，根本不可能对其构成什么威胁。然后，燕国又派苏秦两次出使齐国进行游说，诱使齐王攻打秦国，吞并宋国。而在另一边，燕国则加紧派出使者前往魏、楚、赵、秦等国，与他们一一缔结联合伐齐的盟约。五国联盟建立起来了，齐国便陷入了北、

▲乐毅像

乐毅是战国后期杰出的军事家，被拜为燕国上将军，受封为昌国君。他曾经指挥燕赵联军，连克齐国七十余城。

周纪·秦纪　　　周纪　　　乐毅破齐

▲（战国）鹈鹕鱼纹敦
通高20厘米，口径15.6厘米。此敦呈圆球形，子母口，扣合紧密。纽与足均饰以三角雷纹，盖顶正中饰以涡纹，由内向外饰以斜角雷纹、垂叶状兽面纹，二弦纹间饰鹈鹕纹，鹈鹕作张口追逐捕鱼状和三角叶纹点缀。腹部亦饰与盖上鹈鹕纹雷同。此敦铸工精细，纹饰新颖独特，生动活泼，造型别致，是战国时期青铜器的上乘之作。

西、南三面被围的境地。

公元前284年，燕昭王拜乐毅为上将军。同时，赵惠王也将相印交予乐毅，让他兼任赵国相国。接着，乐毅又被推举为五国联军的统帅。于是，乐毅率燕、赵、楚、韩、魏五国之军，浩浩荡荡地前去攻打齐国。

歼齐主力，大破临淄

大军压境，始料未及的齐湣王猝不及防，匆忙应战。但齐军此前已连续征战多年，将士疲惫厌战，士气不振。齐湣王见状，发出号令，说如有不战而退者，杀无赦，并株连九族。在这种淫威的逼迫下，士兵们对齐湣王心怀不满，军心涣散。

在强大的五国联军面前，齐军几乎不堪一击，结果一败涂地，主力大部被歼灭。齐湣王领着一些残兵败将仓皇逃回国都临淄。

取得这场大捷后，乐毅重重地犒赏了楚、韩两国军队，让他们先行回国；然后派赵军进军河间，派魏军挥师东南去夺取过去宋国的土地；乐毅本人则打算率领燕军前去攻打临淄。

这一计划引起了燕国大臣剧辛的反对，他认为燕军实力不足以吞灭齐国，如此贸然前去恐怕会遭遇不测。乐毅反驳说齐军主力已被歼灭，国中混乱无序，齐国已经不再是一个强劲的对手。如果燕军趁此机会继续进攻，必能攻克齐都。最后，燕昭王同意按乐毅的计划行事。

齐军回到临淄，齐国大将达子提议齐湣王大举犒劳齐军，以鼓舞齐军士气，准备背水一战。遭到惨败的齐湣王反倒把气撒在他身上，说残兵败将哪里值得犒劳？这种责怨让将士们更加不满，齐军军心更加涣散。在这种情况下，乐毅率燕军频频出击，打得齐军节节败退。最后，燕军在秦周（今临淄城西）又一次大败齐军，齐国折损了大将达子。燕军攻破临淄，将那里的奇珍异宝、金银用具、祭祀器皿等通通占为己有，源源不断地运回燕国。燕昭王收到捷报，非常高兴，亲自到济水之畔去迎接凯旋之师，犒赏全体将士，并将功臣乐毅封为昌国君。

齐湣王失去国都，逃亡到莒地（今山东莒县），最后被谎称前来援救齐国的楚国大将淖齿杀死。

乘胜追击，攻无不克

乐毅有吞并齐国的雄心。在夺取临淄后，经燕昭王同意，他做了很多事情来稳定民心，安定秩序。首先，大力整顿军队纪律，绝不允许有抢夺百姓财物、扰乱百姓生活的行为；其次，减免百姓

少年读全景
资治通鉴故事 1

▶ 周纪·秦纪　▶▶ 周纪　▶ 乐毅破齐

赋税，废除齐湣王时期制定的严法酷刑，重新采用齐威王制定的一些合理律令；最后，他还在临淄郊外举行盛大的祭祀仪式，祭拜齐人所尊敬的齐桓公和管仲，并给归顺燕国的齐人中的一百多人封燕国爵位，二十多人赐燕国封地。这些措施安抚了齐国贵族，使他们能够支持燕国的统治。

与此同时，乐毅又命燕军分五路进攻，夺取齐国土地。仅仅半年之后，燕军就攻克了除莒和即墨之外的所有城池共七十余座，并将其一一设为燕国郡县。

乐毅能够取得如此辉煌的成就，离不开燕昭王对他的信任和支持。正因为燕昭王采纳了乐毅攻打齐国的建议，并在乐毅率兵征战时不加任何干涉，乐毅才能顺利实施这一计划。也曾有人在燕昭王面前搬弄是非，如乐毅在攻打莒和即墨的时候，很久都没能攻下，太子乐资等人借机在燕昭王面前说三道四。但燕昭王根本没有听信这些人的话。为了让乐毅安心作战，他还专门派人去安慰、鼓励乐毅。燕昭王是一个用人不疑的君主，也正因为如此，他的部下才更愿意鼎力辅佐他。

在实际作战中，乐毅统领五国联军歼灭齐军主力，攻破齐都，又接连攻下齐国七十多座城池，几乎将强大的齐国完全消灭，这样的丰功伟绩表明他确实有非常出色的军事才能。五国联合破齐，是"合纵"策略运用上取得的最辉煌的成就，纵横家们因此将乐毅看作英雄。齐国这一泱泱大国，因为不顾整体局势的平衡，轻率行事，以致成为众矢之的。而在作战时，它又过早出动主力部队与势力强大的五国联军相抗，以致几乎灭亡于燕国之手。

极具戏剧性的是，乐毅最终还是与吞并齐国的目标失之交臂。公元前279年，燕昭王逝世，太子乐资即位，是为燕惠王。这位新国君没有像燕昭王那样给乐毅以信任，很快就召回乐毅，派骑劫前去攻打莒和即墨。乐毅非常失望，黯然离开燕国去往赵国。后来骑劫指挥不力，让齐将田单反败为胜，得以复国。乐毅努力终生的夺齐大业就这样功败垂成。

◀（战国）钟虡铜人
此铜人出土于湖北随州曾侯乙墓，是编钟架上铸成佩剑武士形象的人形立柱。钟虡铜人共六件，被装置在中、下两层，均为武士装束。铜人头戴平顶圆形冠，佩剑，以头和双臂撑住横梁。铜人身着彩绘衣物，面部清秀，栩栩如生。

周纪·秦纪 ▶▶ 周纪 ▶▶ 蔺相如完璧归赵

周纪
蔺相如完璧归赵

蔺相如，生卒年不详，相传为河北曲阳人，战国后期著名的政治家、外交家、军事家。公元前295年的"沙丘宫变"使得赵国元气大伤。在蔺相如和廉颇、赵奢等一批贤臣良将的辅佐之下，赵惠文王励精图治，才让赵国在一定程度上得以复兴。后来，赵国在与秦国的几次外交和作战中，都占了上风，成为当时列国中唯一能与秦国匹敌的国家。由此，赵国成为秦国实现统一大业所要面对的最大敌人。而蔺相如的得志，最早可见于《史记·廉颇蔺相如列传》中的那场著名的"智斗秦王，完璧归赵"的外交之争。

危急关头请缨使秦

秦昭王觊觎赵国那世间罕有的和氏璧，就传书给赵惠文王，表示愿拿出十五座城池来交换和氏璧。这让赵惠文王觉得很难办。秦国向来倚仗实力强大而横行霸道，不讲信用。要是把璧送去，秦国肯定不会送给赵国城池；但如果不送去，又怕得罪秦国，引来战祸。于是，赵惠文王召集群臣前来商议。众大臣讨论了很久，也没有商量出什么好办法。赵惠文王愁眉不展。担任宦官头领的缪贤见状，就对赵王说："臣有个才能出众的门客，叫蔺相如，为人勇敢，又善谋略，您不妨派他出使秦国，处理这件事。"

赵惠文王便召见了蔺相如。交谈之后，他发现蔺相如很善言辞，对很多事情都有独到的见解。赵惠文王就问他说："现在秦王提出愿以十五座城来换我国的和氏璧，你认为寡人应该答应他吗？"蔺相如说："秦国实力比赵国强，不答应不行。"赵惠文王说："但秦国很可能拿了璧却不给我们城，这该怎么办呢？"蔺相如说："秦国拿城换璧而赵国拒绝的话，那是咱们赵国有负于秦国。赵国给了璧而秦国不给城，那就是秦国对不起咱们赵国了。咱们宁可冒险，也不要一开始就理亏。"赵惠文王说："那寡人该派谁前去送璧呢？"蔺相如说："如果大王一时找不到合适的人，就请派我去吧。除非秦国把十五座城交到赵国手中，我才把璧给它。否则我一定把璧完完整整地带回来。"于是赵惠文王就派他带着和氏璧前往秦国。

◀ (战国) 宴乐渔猎攻战纹图壶

此壶通高31.6厘米，侈口，斜肩，鼓腹，矮圈足，壶肩上有二兽首衔环耳。花纹从口至圈足分段分区布置。以双铺首衔耳为中心，前后中线为界，分为2部分，形成完全对称的相同画面。自口下至圈足，被5条斜角云纹带划分为4个区，分别表现了采桑射礼、宴享乐舞、水陆攻战等场景。此壶纹饰生动，形象逼真，现藏于北京故宫博物院。

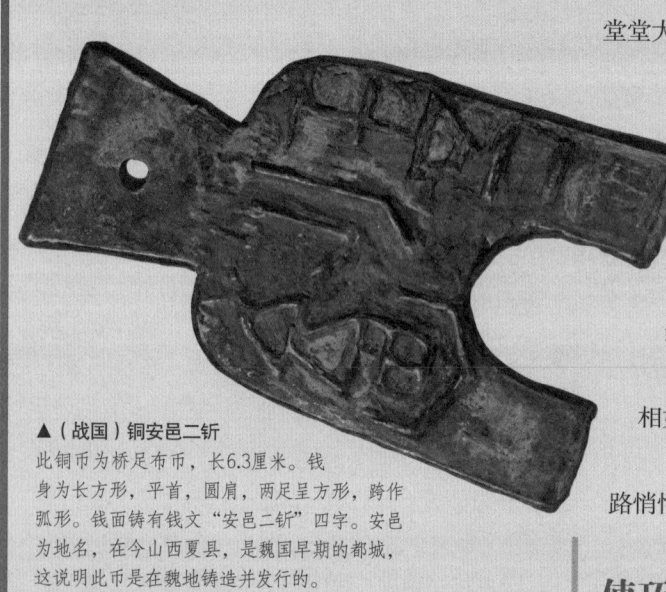

| 周纪·秦纪 | 周纪 | 蔺相如完璧归赵 |

▲（战国）铜安邑二釿
此铜币为桥足布币，长6.3厘米。钱身为长方形，平首，圆肩，两足呈方形，跨作弧形。钱面铸有钱文"安邑二釿"四字。安邑为地名，在今山西夏县，是魏国早期的都城，这说明此币是在魏地铸造并发行的。

秦廷智斗秦王

蔺相如到秦国之后，呈上和氏璧。秦昭王把璧接到手中细细欣赏。他一边欣赏，一边赞叹，一副爱不释手的样子。然后他又让大臣和宫女们一一传看，好像那玉璧已经是秦国的宝贝了，对换城之事却只字不提。

蔺相如早料到秦王会有此举动，冷静地对他说："此璧虽美，但其实有一个隐藏的瑕疵，不易被发现，请让我指给大王看。"

秦昭王很好奇，就把和氏璧递给了蔺相如。

不料蔺相如捧着玉璧，迅速走到一根柱子旁边，然后愤怒地说："大王想要用十五座城换和氏璧，我奉赵王之命把璧送来。可现在大王却完全没有要拿出十五座城交换的意思。此刻我手捧玉璧，要是大王定要相逼，我就与这稀世珍宝同归于尽！"说着就做出要把璧往柱子上砸的样子。

秦昭王急了，忙命人拿来秦国地图，指着上面说："这些就是我准备送给赵国的城池。我秦国堂堂大国，哪里会如此不讲信用？"

蔺相如很清楚这不过是秦王玩的小花招，就说："赵王送璧之前，曾斋戒五天。在臣上路的时候也是盛情相送。他这么做是为了表示对秦国的敬意。大王接受此璧也应该有同样的礼节，斋戒五天，并举行受璧大典，然后我再将璧进献给您。"

秦昭王知道强逼不会有用，就答应了蔺相如的要求，并安排蔺相如先住下。

当晚，蔺相如就让一个随从带着玉璧抄小路悄悄赶回赵国去了。

使巧计完璧归赵

秦昭王斋戒五天之后，召集群臣准备举行受璧大典，谁知蔺相如却是空手而来。他从容地走上前去，对秦昭王说："众所周知，贵国从穆公到现在，二十多代君主皆非讲信用之人。我担心给了您玉璧却收不到那十五座城池，有负赵王使命，就命人将玉璧送回赵国了。"

秦昭王一听火冒三丈，命左右捆绑蔺相如，蔺相如毫无惧色地说："大王先听我一言！如今秦强赵弱，强秦可骗弱赵，弱赵却不敢欺强秦。大王要想得玉璧其实很容易，先把那十五座城交给赵国，再命人去赵国取玉璧，赵国岂敢不给？我骗大王，罪不可赦。大王大可以将我处死，但天下人都会知道大王为了和氏璧杀死了赵国使臣，大王就可以声名远扬了。"

秦昭王毕竟怕杀了蔺相如而传出去的名声不好，就放他回国了。他本来就没打算真的以城换璧，此后也就不再提起此事了。

蔺相如出色地完成了使命，完璧归赵，赵王非常高兴，将他提拔为大夫。

周纪·秦纪　　周纪　　廉颇负荆请罪

周纪
廉颇负荆请罪

廉颇，战国时期赵国极具才华的军事家、将领，曾辅佐过赵惠文王、赵孝成王、赵悼襄王三代国君。赵惠文王刚继位时，赵国较弱，而齐、秦很强。赵国地处两国之间，是秦国向东发展的第一大障碍，但秦国深知廉颇不好对付，所以不敢轻易进攻赵国。后来，廉颇率军东征西讨，所向披靡。而蔺相如本是宦官缪贤门下舍人，以完璧归赵崭露头角，被提拔为大夫，后又因渑池宴会上智胜秦王之功，被拜为上卿，地位比廉颇还略高一筹，这让廉颇十分不平，想找机会教训他。蔺相如"先国家之急而后私仇"，以大局为重，让着廉颇，终使廉颇幡然悔悟，"负荆请罪"。这就是为人们所津津乐道的"将相和"的故事。

渑池会屈秦王

公元前279年，秦昭王想要稳住赵国，全力攻打楚国，于是邀请赵惠文王在渑池（今河南渑池境内）相会，想和赵国商量结盟。

赵王接到这样的邀请很为难。二十年前，秦昭王曾邀楚怀王在武关结盟，后来却囚禁了楚怀王。因此，赵王很担心自己此行会有不测。

大将军廉颇和大夫蔺相如一致认为，如果赵王拒绝前往，就显得赵国畏惧秦国了，还是前去赴约比较好。蔺相如表示愿意跟随赵王前往，同时又建议赵王做好防备，让廉颇率部驻扎在附近随时准备接应。于是，赵王按他所说的做了。

临行前，赵王采纳廉颇的建议，留下了一个命令：如果赵王三十天仍不能回国，就请太子登基，防止秦国挟持赵王，造成国中无主的局面。

赵惠文王到渑池后，秦王设宴款待。席间，秦王乘着酒兴说："寡人听说赵王善于鼓瑟，请为寡人弹奏一曲。"赵王就弹了一曲。不料，秦王命随行史官立刻提笔写道："某年某月某日，秦王与赵王同饮，令赵王鼓瑟。"

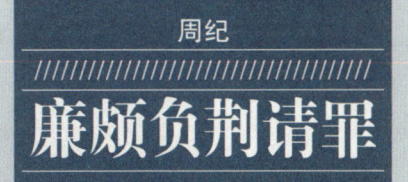

蔺相如见秦王故意当面挑衅，就走上前去说："赵王听说秦王擅长击缶，也很想听听。"秦王拒绝了。蔺相如双手捧缶，跪请秦王敲击，秦王仍然拒绝。

蔺相如说："现在我离大王不过五步的距离，要是大王执意不肯，我将以死相拼！"周围侍卫见状，立即围过来想杀掉蔺相如，蔺相如圆瞪双眼，厉声呵斥，众侍卫被吓退两步。又见蔺相如离秦王太近，怕有所闪失，他们只好退到一边。

秦王满脸不悦，很不情愿地击了一下缶。蔺相如立刻叫赵国的随行史官写道："某年某月某日，秦王为赵王击缶。"此后，宴会在剑拔弩张的气氛下继续。

秦国大臣说："请用赵国十五座城敬祝秦王健康。"

▼廉颇负荆请罪
"将相和"的故事广为流传。蔺相如宽宏大量的气度和廉颇知错能改的精神受到后人的广泛褒扬。

蔺相如针锋相对："请用秦的国都咸阳敬祝赵王健康。"

双方在宴席之上明争暗斗，蔺相如始终压制着秦国的风头。由于赵国已在边境部署重兵，秦王不敢轻举妄动，最后只好让赵王一行平安回国。

"先国家之急而后私仇"

蔺相如因渑池之功，被赵王拜为上卿，地位超过了廉颇。这让廉颇心有怨言，他想："我廉颇率军东征西讨，冒着生命危险立下多少汗马功劳，才得以居此高位；而你蔺相如不过凭伶牙俐齿，做了区区几件小事，就能位居我之上。简直岂有此理！"他毫不掩饰对蔺相如的敌对之意，总想找机会教训一下蔺相如。

蔺相如知道后，为了避免与廉颇发生冲突，就处处避着他，连出门都绕道而行，有时甚至找借口不上朝。蔺相如的随从们觉得蔺相如十分窝囊，对他很不满。蔺相如对他们说："诸位觉得廉将军与秦王相比如何？"随从们都说："不如秦王威猛。"蔺相如说："秦王那样威猛的人，我都敢当众呵斥他，我又怎会唯独惧怕廉颇将军呢？"随从们听了此言沉默不语。蔺相如又说："我只是想，我们赵国时时处在秦国的威胁之下，稍有不慎，就会给他们以可乘之机。我们两人身为赵国重臣，如果这时候还起内讧，那置赵国安危于何地？正因为如此，我才这样避让廉颇将军啊。"

随从们听了这话，对蔺相如十分佩服。此后，他们对廉颇府上的人也都以礼相待。

将相和

后来，蔺相如的这番话被廉颇知道了，他感到很惭愧，痛恨自己心胸狭窄、意气用事，差点酿

▲回车巷碑亭
回车巷位于邯郸市区串城街南段，全长约75米，宽1.8米。相传战国时，赵国上卿蔺相如曾在此处为大将廉颇回车让路，故名蔺相如回车巷。1981年，此处修建石柱碑亭，碑亭高4.4米，宽2.3米，上面记载了蔺相如以国家为重、避让廉颇的故事。

成大错。而蔺相如心系国家安危，宽宏大量，也令廉颇十分佩服。

于是，廉颇脱下战袍，赤裸上身，背着荆条到蔺相如门下谢罪，说："廉颇气量狭小，竟想与丞相为敌。如今想来，实在羞愧难当。特来向丞相请罪，请丞相处罚！"说完就要跪下，蔺相如忙把他扶起来，解掉绳索，扔了荆条，说："将军言重了，相如不敢当啊！将军为国家南征北战，出生入死，立下汗马功劳。相如愿与将军共担国家大任。若我们将相团结一心，齐心协力，一定可以抵御强秦，保卫赵国！"

此后，廉颇和蔺相如成了莫逆之交，共同为赵国效命，使得秦国很久都不敢冒犯赵国。

周纪·秦纪　　周纪　　田单火牛破燕

周纪
田单火牛破燕

公元前279年，燕昭王去世，他的儿子燕惠王登基。燕惠王还是太子的时候，就对乐毅有意见，登上王位之后，仍然不信任乐毅。乐毅花了一年的时间攻打即墨，但没能攻克。镇守即墨的齐国大将田单传言出去，说乐毅想自己称王。燕惠王闻讯后疑心更重，就派骑劫取代乐毅做上将军，负责攻打即墨。乐毅知道自己处境不利，就逃到了赵国。结果，田单用"火牛阵"进行反攻，一举打败燕军，然后乘胜追击，没用多久就逼得燕军撤兵回国了。田单成功收复被乐毅攻下的所有城池，燕军灭齐计划破产。

巧使反间计，逼走乐毅

公元前284年，乐毅被燕昭王拜为上将军，率领燕、楚、韩、赵、魏五国联军向齐国发起大规模的进攻，先打败了齐军主力，又攻破齐国国都临淄，然后陆续攻下齐国除莒和即墨以外的七十多座城，使齐国几乎到了灭亡的边缘。

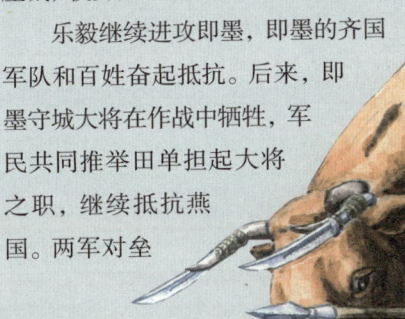

乐毅继续进攻即墨，即墨的齐国军队和百姓奋起抵抗。后来，即墨守城大将在作战中牺牲，军民共同推举田单担起大将之职，继续抵抗燕国。两军对垒长达一年，乐毅没能攻克即墨。

于是，乐毅改变战术。他让燕军退到离城九里的地方驻扎，围住即墨城而不进攻，允许城中百姓出入，对于生活不济的百姓还给以帮助。乐毅这样做的目的是想赢得即墨百姓的支持，让他们自愿归顺齐国。但齐国却借此机会积蓄了力量，为日后的反攻创造了条件。

田单抓住机会，把城中的全部兵力共七千多人集中起来，加紧休整训练，并扩充兵力。与此同时，他得知新上任的燕惠王对乐毅不信任，就利用这一点大做文章。

为进一步离间燕国君臣之间的关系，他派间谍到燕国，把乐毅要称王的假消息传得沸沸扬扬，说："乐毅打下齐国七十多城易如反掌，如今齐国无主，而且仅剩两座城，乐毅却久攻不下。其实是他根本不想速战速决，而想

◀火牛阵示意图
火牛阵是我国古代两军作战时使用的一种战术，即在绑有利器的火牛的掩护下攻打敌人。

| 周纪·秦纪 | 周纪 | 田单火牛破燕 |

收买齐国民心，日后好在齐国称王。乐毅和燕惠王不和，不打算再回燕国了。"

燕惠王听到传言，十分担心，立即派骑劫前去代替乐毅，并召乐毅回国。乐毅知道燕惠王这是在怀疑他，如果回国肯定不会有什么好下场，于是就逃往赵国了。临时更换主帅，燕军的士气因此大受影响。

◀（战国）鸮首三足匜
此匜高16.2厘米，长23.6厘米，流口为鸮首形，腹部饰以变形绳索纹和鳞羽纹，足跟部浮雕兽面纹。此匜造型独特，别致新颖，铸痕不明显，显示了燕国高超的铸造技术。

巧施妙计，激起士气

骑劫上任后，急于求胜，于是一改乐毅的策略，命令燕军强行进攻即墨。但田单不与他正面交锋，只是据城坚守。

田单为了让全城百姓同仇敌忾，规定所有人在吃饭之前，都要先在院子里摆上水果等供品祭拜祖先。这些供品把很多飞鸟吸引到即墨城来。

当时的人比较迷信，把群鸟飞过看成是好兆头。齐军和燕军看到这么多鸟飞临即墨，都觉得这一定预示着什么。田单借机传言说："上天要助我们齐军打胜仗了，会派一个神人来指点我们。"然后田单找了一个士兵，说他就是上天派来的神人，并像敬神那样供奉他。以后他只要下达军令，都说是神人的教诲。

田单的这种做法，让齐军和燕军都信以为真，这增强了齐军取胜的信心，使他们对军令更加服从，同时也给燕军造成了压力。

田单知道骑劫这个人为了取胜不惜采用一切手段，就想办法诱使他施行暴虐之事。他先派人在燕军中传言说："即墨人最害怕燕军割掉齐军俘虏的鼻子，那样的话即墨人就都闻风丧胆了。"骑劫闻言，就下令割去齐军俘虏的鼻子，以为这样会吓得即墨人投降。结果，这种残忍的行为反而激起了即墨军民心中的仇恨，增强了他们抗燕的决心。

不久，田单又让人传言说："即墨人无法护卫城外的祖坟，要是被燕军挖了，即墨人就会大受打击，没有斗志了。"

骑劫听到这话，又派人大举挖掘即墨人的祖坟，并对尸体进行鞭打和焚烧。即墨军民见状，群情激奋，同仇敌忾，都想拼死去攻打燕军。

田单靠这些办法把即墨军民的斗志激发起来。然后他选出精兵五千藏在暗处悄悄训练，让一些年老体弱的士兵和城中妇女来守卫城墙。同时让人假扮成即墨富户，带上财宝偷偷出城去贿赂骑劫，求他打下即墨之后放过他们的父母妻儿，以此造成即墨已经招架不住的假象。

骑劫以为胜利在望，非常高兴，下令让士兵们休整几日，准备一举拿下即墨。

田单大摆"火牛阵"

这时，田单则抓紧时间加固城墙，修筑防御工事，整编军队。田单让他的妻子和孩子都加入了作战队伍，还把自己个人的全部财产都拿出来犒劳士兵。众人见状，更加拥护他。

一切准备妥当之后，田单就派使者去向骑劫表示愿意投降，并约定几日后举行受降仪式。

▶▶ 周纪·秦纪　　▶▶ 周纪　　▶▶ 田单火牛破燕

许多营帐已经着火，一大群模样奇怪的四脚猛兽在营地里窜来窜去，身边还有很多长相怪异的持刀人在大肆砍杀。

燕军被这架势吓得心惊胆寒，一时间阵脚大乱，四散逃命。最后，燕军死的死，伤的伤，损失过半，主帅骑劫也死在齐军刀下。

齐军一鼓作气，继续追杀燕军，并不断扩充兵力。燕军所占之地的齐国百姓也发起暴动，协助田单从燕军手中收复土地。这样，田单轻易就夺回了先前陷落的所有城池，并一路追击，把燕军赶出齐国国境。一度走到灭亡边缘的齐国就这样复国了。

◀（战国）异形鼎
此鼎通高19.8厘米，口径16.3厘米，上有梯状突起平顶盖，盖上有三环纽。器身直口，圆肩，肩部置一对兽首衔环。器腹呈扁球状，圜底，下有三高蹄足。此鼎造型奇特，为战国少有。

受降日的前一天，田单将从城中搜寻来的千余头牛赶到一块，每头牛都被精心装扮了一番：牛身上披着大红的布，布上花花绿绿地画着面目狰狞的怪兽形象。牛角上绑着尖锐的刀，前腿上绑着枪，寒光闪闪。尾巴上还系着一束用油泡过的麻线。先前隐蔽的五千精兵这时候都出来了，个个脸上也都画得凶恶狰狞。

天黑之后，城墙上虚掩着的几十个大洞被推开，士兵们把牛赶到洞口。田单一声令下，士兵们将系在牛尾巴上的麻线用火点燃了，牛被烧得大声怪叫，带着火疯了似的冲入燕军营地。五千精兵也随后出动。

懈怠的燕军将士们正在熟睡之中，完全没有什么防备。突然被怪叫声和脚步声惊醒，才发现

历史百科 // 手工艺专著《考工记》//

《考工记》是专门描述春秋战国时期手工艺制作行业的书，为齐国人所作。全书约七千一百字，分木工、金工、皮革、染色、刮磨、陶瓷六大门类，共介绍了三十多种手艺。书中包含很多我国古代劳动人民在数学、地理学、力学、声学、建筑学等方面总结的经验。比如，《考工记》把当时积累的冶金知识归纳为"金有六齐"，这是现今知道的世界上最早的青铜合金配置法则，揭示了锡含量变化影响青铜机械性能的规律。

《考工记》反映了我国先秦时期的科技水平和当时人们在规范生产方面所作的设想，是现在所能见到的最早的手工业文献，在我国科技史、工艺美术史和文化史上都有着重要地位。

少年读全景
资治通鉴故事 1

▶ 周纪·秦纪　　▶▶ 周纪　　▶▶ "亚圣"孟子

周纪
"亚圣"孟子

孟子，名轲，字子舆，尊崇孔子，师从子思。他生活在百家争鸣时期，当时"杨朱、墨翟之言盈天下"，而他以儒家的立场对此进行严厉批判。孟子游历过齐、魏、宋、薛、鲁、滕等国，宣传"仁政"和"王道"思想。当时，诸侯国长年进行兼并战争，无暇顾及他的治国思想，于是孟子开始著书立说。他继承和发展孔子的思想，并提出一套完整的学说体系，对后世产生了深远影响，宋、明理学家受其影响最大。孟子被后世儒家学派尊为"亚圣"，即认为他仅次于孔子。宋代以后，世人把孔子与孟子的思想合称为"孔孟之道"。

少年贪玩，孟母三迁

孟子，战国时期邹国人。他三岁时，父亲逝世，母亲一个人含辛茹苦地将他抚养成人。孩提时的孟子非常调皮，而且善于模仿。最初，孟子的家附近有一片坟地，他和小伙伴们玩的游戏不是修筑坟墓，就是学他人哭拜。孟母担心这样下去孟子不会成材，于是孟家搬到了离集市不远处。谁知孟子来到此地后，又和小伙伴们玩起了学商人做生意的游戏。孟母见了，决定再次搬家。这次孟家搬到了学堂附近。在这里，孟子向学生和先生学习礼仪和知识，他变得有礼貌了，也喜欢上了读书。

之后，孟子开始勤奋读书。但年龄稍长后，又顽劣如初。孟母剪断织机上的布，以此警戒孟子要刻苦读书。孟子将母亲的教诲铭记在心，发誓将来一定要成材。

孟子接触到儒家思想后，对其产生了浓厚的兴趣。他离开邹国，前往孔子的故乡鲁国进一步学习，并拜子思为师。学成后，孟子像孔子一样周游列国，他先后到过齐国、宋国、滕国、鲁国等，一心想实践自己的儒家政治理想。

"仁政"与"王道"思想的确立

作为儒家思想的忠实追随者，孟子继承并发展了孔子"仁"的思想。他指出，统治者对人民应当施行"仁政"，而不能施行"暴政"。

孟子认为人性本善，"恻隐之心""羞恶之

▶ 孟母三迁
孟子小的时候，他的母亲为了给他创造一个好的学习生活环境，曾经多次搬家，可谓用心良苦。这就是广为流传的"孟母三迁"的故事。

心""辞让之心""是非之心"为"四端",都是人一出生就具有的特性。"四端"是"仁、义、礼、智"四德的基础。一个人如果修养"仁、义、礼、智",就会培养出浩然正气,成为一个"大丈夫"。如果再能"心志统气",就能成为有德之人。因为人都有"恻隐之心",作为统治者,只要"以不忍人之心,行不忍人之政",则"治天下可运之掌上"。他还以"行仁政而王,莫之能御也"说明实施"仁政"的重要性。"仁政"构成了孟子政治学说和社会理想的最基本内容,"性善论"是其对思想主张进行的最好诠释。

"仁政"思想并不是孟子政治理想的最高境界,"王道"才是其"仁政"思想的升华。孟子指出,必须保证人民"有恒产",也就是百姓必须有土地,因为有"恒产"才会有"恒心",这样才会安居乐业。其次,统治者应该减轻人民负担,慎用刑罚,不要任意侵占农时。这样才能使百姓安心生产。在此基础上,对人民施以教化,"修其孝、悌、忠、信",使他们孝敬父母,和睦兄弟,天下才能得以大治。孟子主张天下"定于一",即反对分裂,维护统一,认为施行"仁政"而得到人民拥护,天下之人才会归附,才可以做到上下一心,天下归一。

孟子的"仁政"思想对后世统治者产生了深远影响。西汉初年,从汉高祖一直到汉景帝,都实行轻徭薄赋、休养生息的政策;唐太宗以"仁政"作为自己治国理政的原则,开创"贞观之治"的盛世。

传道授业,著书立传

可惜,孟子像孔子一样,奔波数十年而无所获,便于晚年时归隐故乡,与自己的弟子万章、公孙丑等一起著书立说,终成《孟子》一书。

此外,孟子学习孔子,也收门徒、办私学,宣传自己的学说。他极为重视人才的培养,曾说"得天下英才而教育之"是极快乐的事情。在教学上,他因材施教,采用启发式教学法,结合自己的读书经验,教导学生"尽信书,则不如无书",并提出"心之官则思"的观点,鼓励学生多动脑,勤思考。

孟子是我国著名的儒学大师,他继承和发展了儒家学说,被后人尊为亚圣,其地位仅次于孔子。唐代的韩愈提出"道德"论,认为孟子是继尧、舜、禹、汤、文、武、周公、孔子之后一脉相承的道统的直接继承人。韩愈特别尊崇孟子,将《孟子》当作儒学的入门之书。南宋时期理学家朱熹将《大学》《中庸》《论语》《孟子》合编成《四书集注》,大大提高了孟子的地位。东晋时有人将孟子与孔子并称"孔孟",元朝文宗皇帝封孟子为邹国亚圣公。之后,孔子和孟子提出的儒家思想和政治路线被称为孔孟之道。儒家学说之所以能在两千多年的封建社会中占主导地位,孟子功不可没。

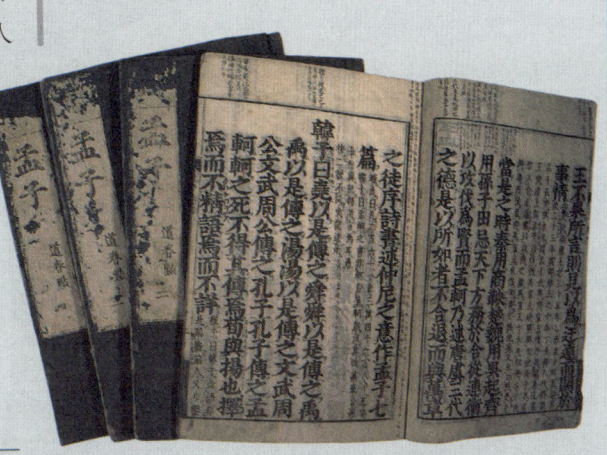

▲《孟子》书影
《孟子》一书由孟子及其弟子共同编写而成,是一本记录孟子言论、政治观点和政治活动的儒家经典著作。现有《梁惠王》《公孙丑》《滕文公》《离娄》《万章》《告子》《尽心》七篇传世。

周纪

范雎拜相

公元前307年，秦武王以举鼎的方式与人比试力气，结果被鼎砸成重伤，不治而亡。第二年，秦国的右丞相樗里疾把武王的弟弟嬴稷推上王位，即秦昭王。公元前266年，秦昭王拜范雎为相，在其辅佐下励精图治，使秦国经济、军事等各方面的实力都得到了很大的提升，政治局面也呈现大好态势：排除了国内异己势力，加强了王权；打击了六国，拉大了与六国的实力差距。这一切，都为后来秦始皇消灭六国、统一天下奠定了基础。

茅厕之辱

范雎，字叔，战国时期魏国人，著名的军事谋略家、政治家。他出身于贫苦的家庭，长大后学得一身本领，想要报国，却因为地位低贱而没有机会面见魏王，就做了中大夫须贾的门客，在那里他时刻关注时局变化，等待机遇降临。

后来，齐国在齐襄王的治理下渐渐振兴起来。魏昭王因为当年曾经协助燕国攻打过齐国，担心齐襄王会向他报仇，就想主动和齐国拉拢关系，于是派中大夫须贾作为使者到齐国去商议结盟。范雎也跟着须贾一同赴齐。

到了齐国，齐襄王毫不客气地指责魏国当年对齐国的背叛，令须贾无言以对。范雎果断地站出来，面对齐王毫无惧色，滔滔不绝，应对如流，既将须贾从尴尬中解脱出来，又使魏国在外交上免于被齐国占上风。齐襄王对他十分欣赏，想让他留在齐国做客卿，还拿出十斤黄金和大量酒肉相送，但范雎拒绝了。

须贾对范雎心生嫉妒，回到魏国后不但没有称赞范雎的出色表现，反而在相国魏齐面前诬蔑范雎，说他私通齐王，透露魏国机密。

魏齐听信此言，对范雎施用严刑，直到把他打得伤痕累累，然后又命人用席子把他裹起来扔进了茅厕。人们如厕时，就直接往范雎身上撒尿。

后来，范雎装成死人，被魏齐抛尸荒野。然后他悄悄回家，在好友郑安平的帮助下躲藏起来，改名为张禄，并让家人为他举办丧事，使魏齐完全相信范雎已死。

这时，秦昭王派王稽出使魏国。当时秦国有个历代沿用的政策：如果有人推荐贤能之人，可以与被推荐者一同受赏；如果有人推荐奸佞小人，就要与被推荐者一同受罚。所以，秦国官吏都很注意寻访贤才。王稽听说了范雎的事情后，就悄悄地把范雎带到了秦国。从此，范雎的政治生涯开启了一个新篇章。

◀ （战国）蟠螭纹高柄豆
此青铜豆盖顶饰有涡纹、变形蟠螭纹，腹部亦饰以变形蟠螭纹和大三角形纹，纽部和环耳均饰以斜角云纹，整体造型独特，修长秀美，是战国时期青铜器中的上乘之作。

周纪·秦纪 　　周纪 　　范雎拜相

（战国）梁十九年鼎
此鼎为战国晚期作品，器盖上设有三个鸟形纽，器身附耳，下有三只矮蹄形足。此鼎通体无纹饰，器腹刻铭一周，记述器主亡智随魏王北巡，为此铸鼎以记其事。

得秦王重用

当时的秦国，秦昭王的母亲宣太后和舅舅穰侯魏冉等人掌握着朝中大权，他们对外来的人才持排斥态度。王稽花了不少气力，也没能成功让秦王接见范雎，只好把范雎留在府中等待机会。第二年，魏冉为了能拥有更多的封地，带领秦国军队取道韩、魏去进攻齐国。范雎借此机会呈递书信给秦昭王，在信中大谈昭王很感兴趣的关于加强王权、称霸天下等话题，同时请求接见。昭王被范雎的见解所吸引，于是派专人将他接到宫中面谈。

见面后，范雎一语中的，说出令秦昭王深受困扰的问题，那就是太后、穰侯的风头远远盖过了昭王，秦国人几乎没有把昭王当成君主。然后，范雎向昭王指出他在治理内政上的缺陷，说他由于害怕太后，根本施展不开手脚；又因为深居简出，经验不足，判断力不强，常常受到奸臣的欺骗而不自知。这样下去，轻则导致自身的祸患，重则导致国家的灭亡。

昭王见他说得十分在理，为人又很率直，对他很有好感，于是对范雎说，将来治理国家方面的大小事务都请他直言赐教。

不久，范雎就当上了秦昭王的客卿，得以将他的满腹才华和从政热情挥洒出来。

远交近攻之策

范雎虽然已经得到秦昭王的信任，但他毕竟初来乍到，如果过多涉足内政，就会在朝中树敌。所以，范雎只是小心地提出自己对一些事情的看法。对于魏冉伐齐一事，范雎认为这不是一个明智之举。因为要想战胜齐国，就需要出动较多的兵力，但这样会消耗秦国的实力。而且就算打败了齐国，占领了一些土地，但因为距离太远，秦国很难治理，到时候只会让韩、魏受益，对秦国却没有任何好处。

秦昭王觉得这种看法很有道理，于是命令讨伐齐国的军队撤退回国。

经过仔细思考之后，范雎又向秦昭王阐述了他的远交近攻策略。说秦国要想扩张领土，应该与距秦国远的国家如齐、楚等保持友好的关系，让他们对秦国兼并周边国家的行为不加干涉；然后从邻近秦国的国家如魏、韩等下手，一步一步地向外扩大领土。韩、魏两国地处各诸侯国中间，如果能让他们俯首称臣，就可以以此为跳板讨伐南面的楚国，并对北面的赵国构成威胁。把这些国家都吞并了之后，最后再对付齐国。这样就能统一天下了。远交近攻策略是我国外交史上的一个伟大创举，秦国的统一大业正是依循这一战略而展开的。后世的许多外交活动也受到这一策略的启发。

昭王对这一策略叹服不已，于是进一步提拔范雎，让他策划整个秦国对外扩张的大业。

| 周纪·秦纪 | 周纪 | 范雎拜相 |

后来，按照范雎的计划，秦国连续派兵攻打魏、韩两国，使两国国力衰微不堪，不得不成为秦国的附庸国。多次讨伐之后，秦国实力更加强大，威震四海。

"固干削枝"，巩固王权

范雎谋划的战争接连取胜，秦昭王对他越来越器重，由此他在朝中的地位也越来越稳固。范雎觉得这时候自己可以涉足内政了。

于是在公元前266年，范雎提议秦昭王开始推行内政改革。第一要务就是"固干削枝"，也就是使王权集中到秦昭王一人的手中，抑制其他威胁王权的势力。

当时，秦国一些王室宗亲权势很大，他们一直是秦昭王的心头之患。有了范雎的支持，秦昭王终于决定实施行动。

秦昭王罢免了穰侯的相位，让他回到自己的封地安度晚年，不准其再参与政治；让范雎代替穰侯成为相国，并加封为应侯。然后，昭王又将华阳君、泾阳君、高陵君三大权贵赶出关外，让宣太后深居后宫，不准其再涉足朝中大事。

这一系列举动，消除了秦国旧有势力对王权的威胁，使国家权力更加集中，王权更加稳固。

范雎提出的"固干削枝"计划的实施，是秦国历史上的一次内政改革，由此建立起来的强大的王权统治，对于秦国后来的统一大业具有非常重要的意义。

睚眦必报，反受其累

范雎对过去须贾、魏齐迫害自己的事情牢记在心，立志一定要报仇雪恨。现在他身居高位，有了对付他们的资本。所以，他找机会当着各国使者的面，羞辱魏国使者须贾；又逼得魏相魏齐四处逃亡，最后自杀而死。

在长平之战中，因范雎提出反间计，秦将白起才得以大败赵国。但此战之后，范雎在韩、赵两国的挑拨下，对白起的显赫战功心生嫉妒，施计让秦昭王赐死了白起，使秦国损失一员不可多得的大将。

公元前257年，范雎推荐的将领郑安平在率兵攻打邯郸时战败投降；公元前255年，范雎推荐的王稽又因为叛国之罪被处死。

秦昭王由此对范雎很不满意，只是因为一时没有人能够接任他的相位才没有处置他。

范雎很清楚自己的处境，于是他推荐蔡泽代替自己担任相国，自己则告病回乡，到自己的封地应城养老，不久后在当地去世。

▲范雎辅佐秦昭王
范雎辅佐秦昭王外慑侯国、内服朝廷，为秦国发展壮大和统一天下做出了巨大贡献。

▶ 周纪·秦纪　▶▶ 周纪　▶▶ 触龙说赵威后

周纪
触龙说赵威后

公元前266年，赵惠文王去世，其年幼的儿子丹登上王位，即赵孝成王。赵孝成王少不更事，由其母赵威后代理朝政。秦国趁赵国旧主辞世、新君尚幼之际，出兵伐赵，一连打下赵国三座城池。赵国处境堪忧，当时最好的办法就是联合齐国来对付秦国。然而齐襄王当时已经病得很重了，国事都是由君王后处理。君王后十分谨慎，不想过多卷入其他国家的纠纷，于是就故意提出苛刻的条件，说除非把赵威后的爱子长安君送来齐国做人质，否则齐国绝不发兵救赵。赵威后坚决不答应，群臣极力劝谏也没有用。最后，左师触龙以高超的劝谏艺术说得赵威后回心转意，赵国得救。

关心问候，避其锋芒

赵惠文王刚刚逝世，国内秩序还没有安定下来，秦昭王趁火打劫，兴兵伐赵。赵国以一国之力难以抵御秦国，于是就向齐国请求支援。齐国不愿意卷入这场纠纷，与秦国为敌，就提出苛刻的条件为难赵国，要求把赵威后的小儿子长安君送到齐国做人质，然后才出兵。赵威后不同意把自己的爱子送去做人质。大臣们觉得情况紧急，于是纷纷劝说赵威后同意这一条件。赵威后被群臣说恼了，下令不准再提让长安君去做人质的事，然后拂袖而去。

过了一会儿，下人来报左师触龙求见。赵威后满脸愠色，生气地说："让他进来。"

触龙脚步缓慢地走了进来，行过礼后抱歉地说："臣年老体衰，腿脚不便，走路很慢，因此这段时间一直没来向太后请安。但老臣很挂念太后，不知太后是否安康，今天特地来看望太后。"

赵威后出于礼貌，回答说："我这腿脚也走不快了，每天都是坐车出行。"

触龙又问："那么，太后饭量还行吧？"

赵威后说："每天只喝点粥。"

触龙说："老臣也是经常什么东西也不想吃，就强迫自己每天散散步，这样才稍微有点食欲，身体也舒畅一些。"

赵威后说："这一点你行，我却没办法做到。"说到这里，赵威后的怒气消了一些。

触龙用拉家常的方式缓解了气氛。

◀（战国）楚墓帛画《人物龙凤图》
此图出土于湖南长沙陈家大山1号楚墓。这幅两千三百多年前的古画是葬仪中使用的旌幡。画中有一位侧身妇女双手合十，像是在祈祷。整幅画绘制在白色丝帛上，线条流畅，构图饱满，是中国现存最早的帛画。

投其所好，循循善诱

然后，触龙接着说："老臣最小的儿子叫舒祺，顽劣不堪，但老臣十分疼爱他。斗胆请求太后，不知能否让他将来当个宫廷侍卫？"赵威后心想，原来他是为了这个，答道："可以啊。不知他现在多大了？"触龙回答说："十五岁了，年纪还不大，但老臣已经老了，所以想趁现在还活着，给他谋个出路。"触龙对小儿子的爱怜，引起了赵威后的共鸣。她说："我以为只有母亲会怜爱小儿子，难道父亲也这样？"触龙回答说："比母亲有过之而无不及呢！"赵威后笑了，说："做母亲的可是特别特别怜爱小儿子呢。"

挑起了这个话题，触龙决定趁势往正题上引。他说："但老臣觉得，比起长安君来，太后更怜爱女儿燕后。"赵威后说："不，我更疼爱长安君。"触龙说："父母爱自己的孩子，就会为他们做好长远的打算。您送别燕后的时候，为她远嫁异国而伤心痛哭。她嫁到燕国去以后，您虽然十分挂念她，但每次祭神时，您却都祷告说千万别让她回来。您这样做不正是为她做长远打算，希望她的子孙可以在燕国世代为王吗？"赵威后说："您说得很对。"

触龙话锋一转说："您看，我们赵国立国之初，那些被封侯的王室成员后代，现在还有位居王侯的吗？"赵威后仔细想了一下，说："没有。"触龙说："不仅是赵国，其他的诸侯国，那些早期王室的后代们还有人是王侯吗？"赵威后说："我确实不曾听说。"然后，触龙感慨地说："如果不做长远打算，轻则祸及自己，重则殃及子孙。难道说国君的后代生来就比别人差吗？当然不是。这是因为他们身居尊位却没有什么能够服众的功劳，享受丰厚的俸禄却无所作为。如今太后您给长安君尊贵的地位，封给他富饶的土地，

▲触龙劝谏赵威后

触龙在赵威后大怒的情况下，避开矛盾，用拉家常的方式分析事理，终于使赵威后同意让长安君去齐国做人质。

还赐给他无数奇珍异宝，却唯独不给他机会让他为国家建功立业。将来您要是辞世了，长安君凭什么在赵国立身呢？所以老臣觉得您并没有为长安君做长远打算，还是为燕后考虑得更长远，可见您更疼爱燕后。"

赵威后听到这里，顿时醒悟，同意让长安君到齐国去做人质。后来，触龙派人为长安君准备了一百辆车子，把长安君送到齐国去了。齐国履行诺言，出兵相助。两国联合，击退了秦军。

触龙没有像其他大臣那样逆着赵威后的心意强行直谏，而是随机应变，循循善诱。他采取迂回战术，不直接道出目的，而是先缓和气氛，再一步一步往正题上引。而且他非常顾及赵威后怜爱儿子的心情，让赵威后明白让长安君做人质也是爱他的一种做法。这样，终于说得赵威后心服口服了。

周纪·秦纪　　周纪　　长平之战

周纪
长平之战

战国末期，魏、楚、齐相继丧失强国的地位，唯独赵国还保持着比较强劲的势头，有能力抵御秦国进攻。后来，韩国上党郡守在秦国的攻击下投靠赵国，点燃了两国战争的导火索，引爆了规模巨大的长平之战。这场战争持续了近三年，最后秦国战胜了赵国。长平之战被后人认为是战国历史上重要的转折点：在此之前，天下总是呈几大强国并立争雄之势；在此之后，秦国成为一枝独秀的强国。这预示着秦国一统天下的时代就要来临。

廉颇坚守长平，范雎巧使反间计

范雎到达秦国后，先是被任命为客卿，辅佐秦昭王。后来，范雎提出远交近攻的外交策略，为秦昭王所采纳。

公元前262年，秦昭王派大将白起讨伐韩国，首战取胜，夺取了野王（今河南沁阳），把上党孤立起来。形势紧迫，上党郡守冯亭为了拉赵国站在韩的一边联合抗秦，决定归顺赵国。赵孝成王轻率决定派军队接管上党。

两年后，秦国派大将王龁夺取了上党。赵国驻兵长平以安抚上党百姓，秦军转而进攻长平。赵国派名将廉颇为将抵抗秦军。由于赵军实力不如秦军，几次交战，赵国屡屡失利。廉颇决定改变战术，以守为主，坚壁清野，希望通过打持久战来拖垮远道而来的秦军。因此，秦军屡次挑衅赵军，廉颇都不迎战。双方僵持不下，秦军毫无办法。赵孝成王见廉颇先是屡次战败，现在又坚守不出，对他有些不满。秦相范雎了解到这一情况，提议施行反间计，挑拨赵孝成王与廉颇之间的关系，直到赵王撤换廉颇。

于是，秦国派人携带重金到赵都邯郸，收买赵王左右，让他们散布流言说廉颇已经年老不济，没有了当年之勇，不敢与秦军对战，说不定很快就要投降；秦国所害怕的其实是赵括而不是廉颇……赵孝成王经这些人一说，对廉颇更加不信任，就派赵括去替代廉颇。

赵括纸上谈兵，白起诱敌围歼

赵括是赵国名将赵奢之子，从小就喜欢钻研兵法，读了很多兵书，在兵法方面很有见解，曾为他的父亲赵奢出谋划策并取得多次胜利，还曾著

◀ 纸上谈兵的赵括
赵括是赵国名将赵奢之子，自幼学习兵法，谈起兵事滔滔不绝，但无实战经验。后来，他接替廉颇为赵将，在长平之战中生搬硬套兵书上的兵法，不懂得变通，结果惨败。

〇七七

| 周纪·秦纪 | 周纪 | 长平之战 |

书立说，赵国的一些将领都曾向他请教。所以，赵括在赵国极负盛名。但是，赵括从来没有亲自带兵打过仗，缺乏实战经验，以至于他的父亲去世前还留下遗言，说不要让赵括带兵打仗，否则会酿成大祸。

相国蔺相如听说赵孝成王要任用赵括为将，立刻上书劝阻，但赵孝成王根本不理会。赵括的母亲也上奏赵孝成王，请求不要任命赵括为将。赵孝成王召她进宫来询问原因，她说："赵括的父亲曾留下遗言，说千万不要让赵括为主将。因为他知道赵括虽然懂得不少兵法，但没有带兵打仗的经验，他怕赵括因为身负盛名而被误以为有将才，所以特地叮嘱我。要是大王任他为将，只怕他不仅打不了胜仗，还会误了国家大事。"赵孝成王听了不以为意，偏要一试，坚持派出赵括以替代廉颇。

公元前260年，赵括率领二十万大军来到长平，廉颇将他先前统率的二十万军队也交给赵括。这样，赵括就成了四十万大军的统帅。他求胜心切，主动向秦军发起大规模的进攻。

范雎获悉赵王派赵括代替廉颇，断定赵王已中了圈套，于是暗中任命名将白起为秦军统帅，准备一举打败赵军。白起先设好埋伏，然后故意让赵括打了几次胜仗，使赵括因轻敌而更加无所顾忌地追击秦军。结果，赵括中了秦军的埋伏，陷入秦军的包围。赵军虽拼命反击，但仍没有成功突围。

秦昭王又集中了国内所有超过十五岁的青年，亲自将他们带领到长平，以便挡住赵国援兵，并拦截赵军的粮草。赵括率领的四十万大军没有粮草的补给，没有援兵的接应，又无力突围，被秦军包围了整整四十六天，束手无策。

将士们都十分绝望，没有了斗志。赵括认为只有冲出包围圈才能得救，于是拼死率军突围，结果被秦军乱箭射死。失去主将以后，赵军更是无心再战，很快就向秦军投降了。

▲（战国）嵌孔雀石绚纹钫
钫是一种青铜酒器，即方壶，战国末年改称钫，流行于战国末期至汉代。钫多为方身、长颈、大腹、圈足、带盖。少数器身有花纹，花纹一般采用菱形或三角形等几何纹饰。

接近四十万的赵国降军，让秦国很难处理。留下他们的话，秦国一时间无法提供那么多的粮草补给；放走他们的话，赵国兵力无损，这场战争就打得太没有意义了；利用他们攻打赵国呢，又不能保证他们对秦国完全忠心。最后，白起做了一个残忍的决定，那就是坑杀赵国降军。于是，四十万赵国大军，除了二百四十名年纪较小的被放回赵国通报消息外，其余的全都葬身长平。长平之战成为春秋战国时期持续时间最长、规模最大、死亡人数最多的一次战争。

秦国获得胜利，打败了最后一个强敌，统一天下已经是大势所趋。公元前247年，秦王嬴政登基时，秦国已发展为幅员辽阔、势力强大、法律严明的天下第一强国。

周纪·秦纪　　周纪　　信陵君窃符救赵

周纪
信陵君窃符救赵

公元前277年，魏昭王去世，魏圉登基，是为魏安厘王。魏安厘王见来自齐国的丞相孟尝君势力强大，想对他加以约束，就把自己的弟弟魏无忌封于信陵（今河南宁陵），称信陵君。信陵君是战国时代著名的政治家、军事家，他讲求信义，忠厚仁慈，待人宽和，尊重贤才，所以名望很高。公元前257年，信陵君窃符救赵，这彰显了他把信义看得重于生命的高尚人格。后来，信陵君因为威望太高，威胁到了魏王的地位。他不愿卷入权力之争，就从军政大事中抽身出来，转而沉醉于温柔乡中，此后魏国实力渐渐衰微。

行侠仗义，亲赴险境

信陵君礼贤下士、重情重义，天下士人纷纷慕名投靠到他的门下。他的门客一度达到三千之众。魏国有信陵君，让各诸侯国不敢小视，以致接连十几年都没有哪个国家敢来冒犯。

继长平之战后，秦军于公元前259年继续进攻赵国，兵临赵都邯郸城下，赵国形势危急。为了应对这种局势，赵国平原君赵胜亲自出使楚国，请楚国兴兵救赵，同时多次传书给妻子的弟弟信陵君，托他说服魏安厘王援赵。信陵君魏无忌看到信后，立刻觐见魏安厘王，请求魏安厘王出兵救赵。最后，魏安厘王决定派老将晋鄙率十万大军前去营救。秦昭王听说魏国打算出兵救赵，就派使者威胁魏安厘王说："秦国早晚会攻下邯郸。谁要是出兵救赵，秦国就对谁不客气！"魏王害怕秦国，不敢轻举妄动，忙派人半路拦住晋鄙，令他把军队驻扎在邺城等待命令。

平原君见魏国没有救赵的诚意，就写信怪罪信陵君说："人人都说公子宅心仁厚，重义轻利，能够急人之所急。我也是因为佩服公子这一点，才愿意与公子家结亲。可是现在邯郸眼看就要被秦国攻下，却不见魏军来救。公子就是这样急人之所急的吗？就算公子轻视我赵胜，任我成为秦国的俘虏，那公子置您姐姐的安危于何处呢？"

信陵君接到信后更加不安，又数次请求魏安厘王命晋鄙出兵，还让很多客卿想尽办法劝说魏

◀（战国）秦国杜虎符

这件杜虎符高4.4厘米、长9.5厘米。符作虎形，可剖为两半。虎身上有错金铭文40字："兵甲之符，右在君，左在杜，凡兴士被甲，用兵五十人以上，必会君符，乃敢行之。燔燧之事，虽母会符，行殹。"这是现存最早的一件调兵凭证。

周纪·秦纪 　　周纪 　　信陵君窃符救赵

◀（战国）彩绘出行图夹纻胎漆奁

此漆器口径二十八厘米，整器由盖、身两部分组成，以子母口扣合，出土时器形完整，颜色如新。漆器以夹纻作胎，内壁朱漆，外髹黑漆，以红、黄、蓝、棕四色作画，主题花纹绘在盖的周壁，以线描法及平涂法绘出一幅车马人物图，整幅画包括二十六个人、两辆骖乘、两辆骈车、九只大雁、两只狗、一头猪和五棵树。画中人物姿态神情各异，动物栩栩如生，布局合理。

安厘王，但魏安厘王因为害怕引火烧身，坚决不同意出兵。

公元前257年，邯郸形势更加危急。信陵君见魏安厘王不可能被说服，又不想眼睁睁地看着赵国灭亡，就决定动用自己私人的全部力量前去与赵国一起抗秦。于是，他带着一千多门客和一百多辆战车，前往赵国。出城的时候，正好遇到守城门的侯嬴。

侯嬴是个七十多岁的老头，虽然身份低微，只是一个守门人，但他为人正直守信，善谋略，又有洞察力，所以声名远扬。信陵君曾慕名拜访过他，后来两人结成了忘年交。信陵君向侯嬴讲明了事情原委，并向他表达了生死离别之情。

侯嬴献计，窃符救赵

侯嬴见信陵君打算拼死救赵，就说："公子此举倒是十分英勇，可这样做对赵国究竟有多大帮助呢？难道公子只是想陪着赵国一起灭亡？"

信陵君叹了口气，无可奈何地说："我也知道这么做是毫无用处的，但我不能眼睁睁地看着赵国灭亡。"

侯嬴说："难道就没有更好的办法吗？"

信陵君说："能想到的办法我都已经试过了，完全没用。"

侯嬴摇摇头，说道："有那晋鄙的十万大军在附近等着，不去想办法动用，倒来打这千把人的主意。"

说着，侯嬴让旁人退到一边，单独对信陵君说："要调动晋鄙大军，就得从魏王那里拿到兵符。我听说魏安厘王的兵符总是放在他的寝宫之中，如今有一个人可以帮公子拿到兵符，那就是如姬。如姬是魏安厘王的宠妃，经常出入魏王寝宫，要想拿兵符轻而易举。而且公子曾对如姬有恩。当年正是公子帮她报了杀父之仇，因此，她有报答公子之心。如果公子现在找她帮忙，她一定会同意的。"

信陵君一听，觉得这是个好办法，当即派人去求见如姬，说明此事。如姬果然答应了。当晚，如姬趁魏安厘王熟睡之机，拿到了兵符，并派人送到信陵君手上。

信陵君带着兵符准备去找晋鄙。走的时候又向侯嬴道别，侯嬴让信陵君带上自己的朋友朱亥前去，说："将在外军令有所不受。如果晋鄙以此为由不接受兵符的调遣，就必须采用强制的手段。朱亥勇猛强壮，到时候必能派上用场。"

| 周纪·秦纪 | 周纪 | 信陵君窃符救赵 |

▲ 窃符救赵
信陵君，名无忌，战国时代魏国公子。信陵君为人仁爱宽厚、礼贤下士，曾为解救赵国而偷取魏王兵符。

锤杀晋鄙，发兵解围

信陵君在朱亥及一千多名门客的陪同下，马不停蹄地奔赴邺城。到了之后向晋鄙出示兵符，谎称魏安厘王下令让他把兵权交给信陵君。

晋鄙虽然看到兵符，仍觉得事情有些蹊跷，很警惕地说："调动十万兵马殊非小事，大王就这样派公子来传达军令吗？"

晋鄙刚说完，朱亥突然站出来，厉声说道："有兵符为证，还能有假？你是想违抗军令、图谋造反吗？"

晋鄙还是不愿意交出兵权。朱亥趁其不备，拿出随身带着的一把重达四十多斤的大铁锥，猛地向晋鄙头上砸去，晋鄙当即身亡。

晋鄙死后，信陵君召集全体将士，手持兵符向他们宣布："大王令我前来取代晋鄙担任将军。晋鄙违抗军令，已经正法。从现在起，大家要听我号令。大家如能奋勇杀敌，击退秦军，到时人人有重赏！"说完，信陵君就率十万精锐部队袭击秦营。

秦军本来以为魏军是不会来救赵的，见魏军杀来，猝不及防，阵脚大乱，没过多久就招架不住了。平原君在城内见魏军和楚军来救，也率军向外猛攻秦军。秦军受三面夹击，遭到多年未遇的重创，兵力损失过半，只得撤退。

"倾平原君客"

信陵君救赵国于危难之中，赵孝成王和平原君对他感激不尽，双双出城恭迎。信陵君偷取魏国兵符，又诛杀老将晋鄙，知道魏安厘王不会放过他，就决定和门客一起留在赵国，只命魏将率魏军回国。

后来，信陵君在赵国广泛交友，很多以低贱身份隐于市的高士都成了他的朋友，如赌场隐士毛公和酒馆隐士薛公。天下士人纷纷慕名前来投奔信陵君，甚至连平原君的很多门客也转投信陵君，这就是史书上说的信陵君"倾平原君客"。

魏国没有了信陵君，实力衰微了不少。公元前247年，秦庄襄王派大将蒙骜攻打魏国，魏军连连败北。

魏安厘王别无他法，只得召信陵君回国，让他担任上将军以对付秦国。

各诸侯国听说信陵君回魏任上将军了，都表示愿意出兵救魏。信陵君统率五国军队一举打败蒙骜，并一路追击，将秦军赶出了函谷关。此后，信陵君更加威名远扬。

后来，秦国施行反间计，魏安厘王中计而撤销了信陵君的职务。

从此，信陵君以病为由，不再上朝，沉沦于酒色之中，直至去世。信陵君是当时六国将领中唯一能在与秦国的对抗中取胜的人。他死后，秦国就更加所向无敌了。

| 周纪·秦纪 | 周纪 | 毛遂自荐 |

周纪
毛遂自荐

公元前257年，秦军出兵攻打邯郸，平原君赵胜受赵孝成王之命向各国求援，他一面传书给魏安釐王和信陵君请求发兵相助，一面亲自出使楚国商量联合抗秦之事。平原君虽然位居战国四公子之列，但是才能平平，没什么太大作为。长平之战前，韩国上党郡郡守提出愿归附赵国，当时平原君正是赵国相国，他力主接管上党郡。结果，此举迅速激化秦、赵矛盾，导致秦国挥师向赵，赵国陷入重重危机。由此可见，平原君对政治局势缺乏远见。但是，与其他三位公子一样，他也以善养士而闻名，门客多达数千人。此番出使楚国，幸好有门客毛遂自荐随同前往，才成功联楚抗秦。此事被后世广为传颂，也使平原君留名青史。

自荐出使楚国

毛遂，战国时期薛国人，少时游历到赵国，后做平原君门客三年，一直都在做一些迎送来客、跑腿传话之类的小事，没有施展才能的机会。

秦军在长平大胜赵军之后，又气势汹汹地逼向邯郸。赵国在长平遭到重创，实力已不足以抵御秦军。在这危急关头，平原君奉赵孝成王之命，分别向魏国和楚国求救。魏国援兵迟迟不到，平原君决定亲自前往楚国，说服楚考烈王联赵抗秦。

平原君想在三千门客中精选出二十个才能突出的人和他一同赴楚，不料选出了十九名后，就再也找不出一个令他满意的了，为此平原君一筹莫展。

这时，一个门客站出来说："我叫毛遂，主公看我够不够资格随您前去？"其他门客纷纷向毛遂投去惊异的目光。平原君看了毛遂一眼，问道："你做我的门客几年了？"毛遂回答："三年。"门客们听后都暗暗发笑。

平原君说："真正有才能的人在众人之间，就像一把锥子置于布袋之中，他的头角一下子就能冒出来。你来我这里三年了，周围人没有谁称赞你，我也从来没有注意到你，可见你没有什么过人之处。"

毛遂说："主公这个比喻很恰当。毛遂本是一把尖锥，奈何无缘进入布袋之中。如果早能入得其中，毛遂早就破袋而出了，岂止是露出头角而已？今日就请主公给毛遂一个进布袋的机会吧。"

平原君觉得毛遂口才不错，也很有胆量，就同意他跟随自己前往楚国。平原君一行出发了。那十九个门客本来对毛遂不屑一顾，但一路上与毛遂谈论天下局势，发现他确实很有见地，都对他心生敬佩。

▲毛遂自荐
公元前257年，毛遂自荐出使楚国，促成楚、赵合纵。从此以后，毛遂声名大震，并获得了"三寸之舌，强于百万之师"的美誉。

| 周纪·秦纪 | 周纪 | 毛遂自荐 |

大义凛然，说楚合纵

这天，平原君面见楚考烈王，以利害相陈，想让楚王同意与赵合力抗秦。二十名门客都在殿下等候。结果，半天过去，平原君还是没能说服楚王。门客们就对毛遂说："先生上去加把力吧。"于是，毛遂从容地走上殿去，大声说道："楚、赵合纵的利害关系两句话就可以说清楚，怎么两位争论到现在还没有结果？"

楚考烈王得知此人只不过是一个门客，大怒道："放肆！我和你家主人商量要事，你来干什么？还不快给我退下去！"毛遂握着剑柄走上前去，说："大王对我这么不客气，不过就是仗着楚国人多势众，现在我离大王不到十步的距离，任凭楚国有多少人也帮不了您。"楚考烈王见状，口气变了，说："先生不要动怒，有话好说。"

毛遂接着往下说："我听说，商汤的疆域不过方圆七十里而已，最后却称王于天下；周文王的疆域不过方圆百里，最终却令诸侯臣服。他们靠的都不是人多兵多，而是把国家的潜力充分发挥出来。现在楚国幅员五千里，雄师百万，如此强盛的国势，哪个国家能够匹敌？但秦国派了个微不足道的白起，率了区区几万军队就把楚国打得连连败北。秦国先是占去了楚国鄢、郢二都，然后烧掉了夷陵，接着还攻打了楚国宗庙，辱及楚国祖宗。这样的奇耻大辱，连我们赵国都为您感到羞耻！您难道还能不以为意？合纵抗秦，与其说是为了赵国，不如说是为了楚国呀！"

成功定盟，脱颖而出

毛遂的一番慷慨陈词，说得楚考烈王无言以对。

过了一会儿，楚考烈王唯唯诺诺地说："先生说得有理，就按您说的做，楚、赵联合，共抗秦军。"毛遂又追问道："楚国就此与赵国结盟吗？"楚考烈王说："可以。"于是毛遂叫楚考烈王左右端上鸡血、马血、狗血来，两国举行结盟仪式，定下盟约。此后不久，楚考烈王就派春申君黄歇率领八万精锐部队赴赵抗秦。魏国援兵也已经赶到。三国军队联合抗秦，秦军大败。赵国的危难得到缓解。

后来，平原君大发感慨地说："我自以为慧眼识英才，没想到身边有毛先生这样的人才，我却不知。毛先生此行，功莫大焉！"此后，平原君便将毛遂奉为上宾。毛遂也由此声名鹊起。

毛遂勇敢地推荐自己，不是被动地等待机会，而是主动地为自己争取机会，这种精神为后人所称扬。他的故事后来衍生出了两个成语，那就是"毛遂自荐"和"脱颖而出"。

◀（战国）玉螭纹觿形佩

此佩长7.4厘米，宽1.3厘米。觿是古代童子的佩饰，多佩戴于身体一侧，有"左佩小觿，右佩大觿"之说。因为觿原有解结之功能，故以玉觿为佩，寓意童子成年后智慧超凡，世间所有困难之事皆可迎刃而解。

周纪·秦纪　　周纪　　春申君黄歇

周纪
春申君黄歇

春申君（前320~前238），姓黄名歇，战国末期楚国人，战国四公子之一。他出身于楚国贵族，早年周游列国，见多识广，且能言善辩。楚考烈王登基后不久，就任命他做相国。春申君既有经世济国之才，又有忠君爱国之德，才华与人品举世闻名。公元前257年，他率领楚军与魏军、赵军一起反击秦军，解了邯郸数十万秦军之围，迫使秦将郑安平兵败投降，并帮赵国夺回了河东地区。持续了整整四年的秦、赵大战就此告终，秦灭六国的进程受到阻碍，楚国得以暂时摆脱秦国的威逼。

辩才出众，受命赴秦

黄歇年轻时就开始云游天下，多方学艺。在多年的求学生涯中，他不仅读了很多书，还一直关注时局的变化，形成了自己独到的见解。后来，黄歇返回楚国，求见当时的国君楚顷襄王，并以精湛的辩才和敏捷的才思博得了楚顷襄王的青睐。

公元前278年，秦昭王派白起攻打楚国，楚都鄢、郢被攻破，楚顷襄王不得不迁都到东边的陈都（今河南淮阳）。楚国害怕秦国继续攻打下去，只好派能说会道的黄歇前去秦国议和。黄歇刚到秦国，就上书秦昭王道："秦、楚乃最强的两国，两强相争，对双方国力都会有损伤，而且会让韩、赵、魏、齐诸国坐收渔翁之利。与其这样，不如两国联合共同对付其他国家。"秦昭王对此很心动，就命秦军退兵，并与楚国结盟修好。楚国终于躲过一劫，得以休养生息。

黄歇从秦国回来后，又受楚顷襄王之命陪同太子熊完到秦国做人质。公元前263年，楚顷襄王病危，秦国却扣留熊完不让他回国即位。

黄歇借范雎之口劝秦昭王放回熊完，秦昭王被说动，允许熊完先派人回国探明楚顷襄王的病情。

黄歇知道如果楚顷襄王离世而熊完不能赶回楚国，楚国大权就会落在楚顷襄王之弟阳文君父子的手里。于是，黄歇让熊完装成楚使车夫，蒙混过关，回到楚国。他自己则留下来，谎称熊完生病，不接见外客。直到几天以后，黄歇估计熊完已到了楚国，才对秦昭王如实相告。

秦昭王怒不可遏，想要处死黄歇，但范雎认为杀黄歇无益，劝他从长计议。秦昭王只好做个顺水人情，把黄歇也放回了楚国。

辅国持权，援赵灭鲁

公元前263年，黄歇回国刚刚三个月，楚顷襄王病亡，熊完登基，是为楚考烈王。第二年，楚考烈王拜黄歇为楚国令尹，封为春申君。

公元前257年，秦军攻打赵国，赵国都城邯郸被围，形势岌岌可危。平原君亲赴楚国求援，楚考烈王细细权衡利弊，最后决定背弃秦、楚之盟，命春申君统率大军救赵。后来，楚、魏、赵三国联军大败秦军，解救了邯郸。公元前256年，春申君又率兵吞灭鲁国，设其为楚国郡县，并让荀况担任兰陵（今山东苍山）县令。两大军功使春申君声威大震，楚国国力也振兴起来。

黄歇在楚国为相期间，广施仁政，不仅重视农业和商业的发展，还改革兵制，并取得了显著的成绩。

春申君黄歇与齐国孟尝君、赵国平原君、魏

▶▶ 周纪·秦纪　　▶▶ 周纪　　▶▶ 春申君黄歇

▲（战国）云纹金盏和漏匕

此金盏通高11厘米，直口，浅腹，平底，有3个凤首形矮足。器腹上部有2个对称的环耳。盖略大于盏口，盖沿有3个等距离的外卡，盖顶有1个圆形捉手。盖面和盏口下饰云纹、绹纹、勾连雷纹、蟠螭纹等。另有金漏匕一件，长13厘米，方柄圆头，漏匕圆头部为镂空变形龙纹。此金盏是目前所见我国先秦金器中最大、最重的一件。

国信陵君并称"战国四公子"。四人中，以春申君黄歇的门客最多。不过，黄歇的门客中多争强好胜之徒，也不乏奢华浮夸之辈。

一次，平原君派遣门客拜访黄歇，黄歇将其安置在头等客馆。平原君的门客为炫耀赵国的富有，头插玳瑁簪子，将装饰有珍珠、宝玉的剑鞘显露在外，然后去拜见黄歇。黄歇门客中的上等宾客脚穿缀有珍珠的鞋子前来会见平原君的门客，令其大吃一惊，自愧不如。"珠履"即出于此处。

后来，各诸侯国担心秦国称霸中原的野心得逞，于是互订盟约，联合六国兵力征讨秦国，楚考烈王为六国盟约的首领，黄歇主事。于是，六国组成一支浩浩荡荡的"合纵"联军，黄歇以庞暖为主帅，一直攻打到函谷关，秦国以全国之兵出关迎战，最后六国联军败逃。身为主事的黄歇自然难辞其咎，受到楚考烈王的冷落。

政治失意，命丧棘门

楚考烈王没有子嗣，黄歇为此忧心忡忡。

黄歇手下有一个门客叫李园，他的妹妹李嫣很漂亮，嫁给黄歇后不久就怀孕了。在李园的唆使下，李嫣成功地说服黄歇将她献给楚考烈王，后来李嫣生了一对双胞胎。楚考烈王立长子熊悍为太子，封李嫣为王后。李园这个国舅顺理成章地掌握了楚国大权。

公元前238年，楚考烈王染病卧床，李园收买刺客暗杀黄歇，以取代他的位置。此事被黄歇的门客朱英得知，并告诉了黄歇，可黄歇没有将其放在心上。楚考烈王死后，李园率先进入王宫，让刺客埋伏在棘门，并在黄歇前来奔丧时将黄歇诛杀。

黄歇才华出众，为楚国以及六国联合抗秦都做出过重要贡献。但他晚年遭楚王冷落，最终被人暗杀，真是既可悲又可叹。

周纪·秦纪　　周纪　　常胜将军白起之死

周纪

常胜将军白起之死

战国是诸侯争霸、战乱频发的年代。所谓"乱世出英雄",战国也是名将辈出的年代。在名将最多的秦国,以白起最为有名。白起擅长用兵,未有败绩,被司马迁评价为"料敌合变,出奇无穷,声震天下"。他几乎凭借自己一人之力左右着战国后期局势的发展,在我国历史上,鲜有能与之匹敌者。据史书记载,六国不敢与秦国交战的原因就是秦有白起。虽然白起并未能看到秦国统一六国,但是他的战功直接推动了我国历史上第一个大一统的封建王朝的建立。

生于强秦,崭露头角

白起(前331~前257),又名公孙起,秦国人。白起少年时,秦国的国力已经远在六国之上,加上张仪"连横"成功,秦国愈发强大。

当时,楚国面积最大,人口最多,文化也最先进,楚国还收服了众多东南少数民族,可惜楚怀王被骗到秦国后客死他乡,楚国也就日渐衰微了。北方的赵国经过赵武灵王胡服骑射的改革后,实力大增,成为秦国第一号劲敌。当时的魏国虽然已经没落,但毕竟是三晋里最早强大起来的国家,其地理位置也使它成为秦国东进的第一道障碍。三晋之间通婚颇多,所以关系较为密切,在抗秦上更容易达成一致,所以它们也成了秦国的主要敌人。

秦昭王在位时,已有东进中原、击败三晋、谋图天下的雄心,而实现这个心愿最需要的就是人才。在此历史环境下,白起脱颖而出。秦昭王以白起为将四处征战。白起素有智谋,能做到知己知彼,然后根据敌我情况制定最佳的战略、战术,对敌人实行猛烈打击,成为多次战役的重要指挥者。

魏襄王和韩襄王去世,举国发丧;赵国沙丘宫变,国内发生动乱。趁这个时机,秦国于公元前293年进攻韩、魏联军,双方在伊阙展开激战。

在秦相魏冉的举荐下,白起成为秦军主将。白起采用避实击虚、先弱后强的战略方针,把秦军主力秘密带到韩、魏联军的后方,骚扰联军的运输队和后方留守军队,接连得胜。韩、魏联军因失利导致军心不稳,粮草也开始供应不足,最后在伊阙大败于秦军。

经过这次战役,韩、魏联军损失了近二十四万人,精锐力量尽失。韩、魏实力一落千丈,而秦国威震天下,清除了东进路上的障碍,东进中原的

◀白起像

白起又名公孙起,郿县(今陕西眉县东北)人,战国时秦国著名的军事家、统帅。他南征北战,百战百胜,世称"常胜将军"。白起曾任秦国最高军政长官——大良造一职,因战功显赫,受封武安君。

少年读全景
资治通鉴故事 1

▶▶ 周纪·秦纪　　▶▶ 周纪　　▶▶ 常胜将军白起之死

▼（战国）兽面纹玉带钩
此玉带钩出土于曲阜市鲁故城，长8.3厘米，宽6.8厘米，玉质呈黄色，造型为铲形。钩身饰兽面纹，双眼凸出，长眉上卷，左右和脊背用阴线刻出卷曲纹、花形纹、卷云纹等。钩端作回首兽头纹状。背面圆形纽，并饰菱形纹、勾云纹等。

势头更加强劲。白起凭其战功升为国尉。第二年，白起又成为大良造，并率军攻打魏国。魏以河东四百里地求和，白起不理会，继续前进，魏军逃之夭夭，白起轻松占领魏国六十一座城池。

声震天下，"闻白起胆寒"

伊阙一战后，韩、魏已经失去和秦国抗衡的实力，而燕、齐、赵三国相互攻击，战火不断，无暇理会中原之事。于是，秦军南下，以削弱楚国的实力。在秦、楚鄢郢大战中，白起以掏心战术，并辅以水攻，最终大胜楚军，还占领了楚国都城郢。楚国被迫迁都，从此一蹶不振。白起爱兵如子，战无不胜，很多人都聚集到他手下，秦昭王因此封他为武安君。此时的白起名扬四海，威震天下。

公元前260年，秦、赵之间爆发长平之战，白起假装战败，引诱赵括离开阵地。然后，白起领兵分割赵军，最后围而歼之，歼灭赵军四十万，这是我国古代历史上规模最大的一次围歼战。经过此战，赵国遭到毁灭性的打击。

之后，白起又先后指挥了七十余场战争，从未失败，六国将士听到他的名字就心惊胆寒。司马迁在《史记》中称赞他"料敌合变，出奇无穷，声震天下"。

祸起萧墙，死非其罪

长平一战后，秦国将军队分为两部分，分别进攻赵、韩。赵、韩惊恐，派遣苏代以重金拜见秦相范雎。苏代对范雎说，如果白起再立战功，其地位必在范雎之上。范雎不如请秦王与赵、韩和谈。范雎依言行事。结果，韩割垣雍（今河南原阳），赵割六城，与秦王和谈。白起知道后，对范雎产生不满。不过，因赵国并没有履行割城诺言，秦军再次攻打赵国。此时，白起染病，不能出征。秦昭王以五大夫王陵为主帅攻打赵国的都城邯郸，但秦军大败。

白起康复后，秦昭王让白起进攻邯郸，被白起拒绝，他说："邯郸易守难攻。如果其他诸侯援助赵国，数天就可赶到，况且各诸侯对我国有怨恨之心。长平一战虽然歼敌无数，但我们也损失了一半的兵力。如果赵国在内迎战，诸侯在外围攻，我们必败。所以还不能攻打邯郸。"昭王又让范雎去请白起，白起称病不起。无奈之下，秦昭王让王龁替下王陵，但依然攻不下邯郸。

公元前257年，楚国春申君会同魏国信陵君带领数十万大军援助赵军，并大败秦军。白起知道后，叹息道："秦王当初不听我的忠告，现在如何？"昭王得知此言论后大怒，强令白起出征，白起还是以病重作为托词不肯出战。昭王免去白起的官职，把他降为士兵。

战场上的秦军一路败退，接二连三地向秦昭王告急，昭王情急之下怪到白起头上，加之范雎在一旁煽风点火，昭王便命白起自裁。白起在劫难逃，临死前说："我没有做过伤天害理的事情，上苍却这样惩罚我。"心中满怀不平，但思量了一会儿，他又说："我确实该死，我欺骗了在长平战役中投降的几十万赵军，将他们全部活埋，我理应遭此劫难！"于是自杀身亡。

战国是一个血雨腥风的年代。秦国在军事上实行法家军功制，所以大将都产生在战争中，即便是世家子弟，如果没有军功，也不能被封爵。这种情况下，诞生了像白起这样从底层将领凭战功一步一步走向辉煌的大将军。不过，善始者未必善终，白起因功高而遭人嫉妒，又在是否再次进攻赵国的问题上与秦王发生争执，最终被秦王赐死。一代名将不是死于沙场，而是死在自己人手中，真是可悲。

▶▶ 周纪·秦纪　　▶▶ 周纪　　▶▶ 鲁仲连"侠隐"风范

周纪
鲁仲连"侠隐"风范

鲁仲连，又称鲁仲连子、鲁连子和鲁连，聊城人，生卒年无法详考，但据历史学家钱穆先生推算，应该是公元前305年至公元前245年。战国时期，齐国都城临淄（今山东淄博东北）稷门（西边南首门）附近，设有中国古代最早的学术活动和政治咨询中心——稷下学宫，这里是当时的文化中心，并形成了著名的稷下学派。鲁仲连就是战国末年稷下学派的代表人物，也是颇有名气的平民思想家、辩论家和卓越的社会活动家。他多奇思妙想，善于出谋划策，常周游各国，为各国排难解纷。最难能可贵的是，他高风亮节，面对高官厚禄的诱惑从不心动，坚持游历四方，济贫扶弱，很有侠士风采。

▲（战国）陈侯午敦
此敦高12.3厘米，体形厚重敦实，腹侧双环耳，耳上有兽首为饰，器身下有3只蹲兽为足。此器口无内缘，可能不具盖。"陈侯午"是战国时的齐桓公，根据敦上的铭文可知，这件青铜敦是齐桓公为先母孝大妃所做的祭器。

"堂上之粪不除，郊草不芸；白刃交前，不救流矢"的例子，阐明了"人应该先急后缓"的道理，以此警戒田巴"急者不救，则缓者非务"。鲁仲连还说"夫危不能为安，亡不能为存，则无为贵学士矣"，指出在国家处于形势危急之时，为辩而辩，脱离实际，没有任何意义。田巴在鲁仲连的驳斥下心服口服，当着徐劫的面夸赞鲁仲连"乃飞兔也，岂直千里驹"，而且从此不再与人辩论。鲁仲连虽然能言善辩、言谈机敏，但他并不同于那些故弄玄虚、诡辩逞强的辩士。他的辩论兼顾理论和实际，为现实而辩，为国事而辩，显示了其高风亮节的品质。

一箭书信退燕兵

公元前279年，即墨守将田单带领军民团结一致，用火牛阵战胜燕军，并乘机进行战略反攻，一路上攻城略地，直打到鲁仲连的故乡聊城城下。

聊城的燕军将士听说有人在燕惠王面前进谗言诋毁他们，说如果不守住聊城，就全都斩首，这使聊城的燕国守将不敢后退，决心死守城池。因为燕国守军顽强抵抗，誓不投降，田单攻城并没有获得成效。正当他束手无策时，鲁仲连前来助阵。鲁仲连精通"势数"，不仅对齐、燕两国

佼佼雄辩家，务实不空谈

鲁仲连年少时，在稷下学宫拜徐劫为师，钻研"势数"之学。因为他勤于思考，善于发问，且天资聪颖，故颇受徐劫喜爱。

鲁仲连才思敏捷，能言善辩，从小就以辩才远近闻名。当时稷下学宫有个非常有名的辩士叫田巴，他"毁五帝，罪三王，訾五伯，离坚白，合同异，一日服千人"。年仅十二岁的鲁仲连举

的局势了然在胸，还把燕国守军的心理分析得一清二楚。他给燕国守将写了一封信，用箭将信射到城中。在信中，他以攻心为上，实施"擒贼先擒王"的策略。

鲁仲连在信中分析了齐、燕两国的形势，恳切地告知燕国守将，死守孤城是非忠、非勇、非智。接着，他又从守将的立场出发，分析归燕、降齐这两条路。最后，他列举曹沫和管仲的例子，指出"行小节，死小耻"是不聪明的做法，劝守将以"小节"成"终身之名"，以"小耻"立"累世之功"，弃守聊城。

他的这封信，感情真挚，道理透彻，完全是从燕国守将的立场出发思考问题。因此，燕国守将心悦诚服，收兵回国。就这样，鲁仲连以一纸书信退敌百万大军，攻下聊城，成为我国军事史和论辩史上的一大奇迹。

▼（战国）骑马武士俑
这两件武士俑出土于陕西咸阳塔儿坡战国秦墓。两件骑马武士俑大小形制基本相同，为泥质灰陶，通身光滑。马呈站立状，俑呈骑坐状。武士俑为胡人装扮，一只手前伸，似在牵住缰绳；另一只手下垂半握，像持有长矛。此骑马武士俑为手工捏制而成，工艺简单粗糙，艺术形象原始古朴。

田单认为鲁仲连在攻占聊城时功劳最大，因此报告齐王。齐王也大为赞赏，想给鲁仲连加官晋爵。鲁仲连知道后说："吾与富贵而诎于人，宁贫贱而轻世肆志焉。"大意是，为了享受富贵而受人钳制，哪儿有清贫而逍遥自在好啊。于是他"逃隐于海上"。

痛斥辛垣衍，义不帝秦

鲁仲连在反攻燕国中以自己的智谋和辩才为齐国立下很大的功劳。当时诸侯国并立，国与国之间的关系颇为复杂，鲁仲连维护齐国利益，扶危济困，很有侠义精神。其中，他"痛斥辛垣衍，义不帝秦"的事迹广为流传。

公元前257年，秦国攻打赵国邯郸。在秦王的恐吓下，魏安厘王心生恐惧，对援赵之事犹豫不决。他让晋鄙把军队驻扎在邺，派遣魏国大将辛垣衍秘密潜入邯郸，尽力说服赵孝成王，让他与魏国一起尊秦为帝，以此换来国家和平，从而解邯郸之围。

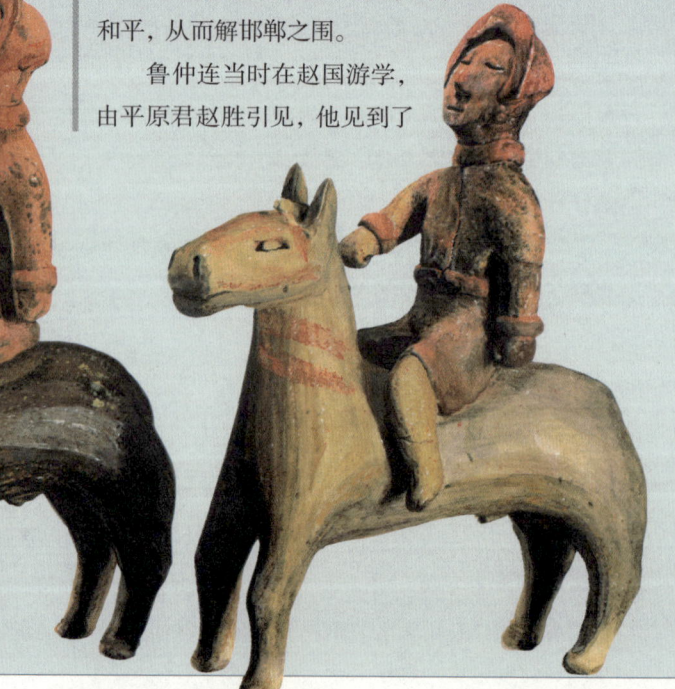

鲁仲连当时在赵国游学，由平原君赵胜引见，他见到了

▶▶ 周纪·秦纪　　▶▶ 周纪　　▶▶ 鲁仲连"侠隐"风范

◀ （战国）中山王鼎

中山王鼎通高51.5厘米，最大直径65.8厘米。鼎为子口内敛，两侧有一对附耳，腹部稍鼓，中部有凸弦纹一道，平底铜身铁足，圆腹圜底，蹄形足，上有覆钵形盖，盖顶有三环钮。

辛垣衍。面对辛垣衍，鲁仲连首先表明了自己的心迹：宁可"赴东海而死"，也决不做秦国子民。他一针见血地指出秦国的称霸野心，接着，又详细地讲述援救赵国的策略：魏、燕、齐、楚四国联合起来，以四国联军之力共抗秦国。

辛垣衍声明：魏王不想救赵。鲁仲连则列举齐威王的例子。周天子在世的时候，齐威王每年都诚心朝拜；可当周天子去世后，齐国使者因晚到了一会儿就受到周王室的斥责。鲁仲连以此例说明秦国称帝的害处：如果尊秦为帝，必然魏国不保，魏国人民没有尊严和地位，魏国不会得到任何好处。

辛垣衍说魏王因惧怕秦国才不得不当秦国奴仆。鲁仲连先是以"秦王烹醢魏王"这样的话使辛垣衍发怒，然后列举大量的事例说明即使魏国甘愿俯首称臣，秦国也不会放过魏国。他指出，九侯、鄂侯、文王是商纣王时期的三个诸侯，对纣王忠心不二，极力拥护。九侯将女儿献给纣王，纣王却因他女儿不陪自己淫乐而将他剁成肉酱；鄂侯为九侯求情，因说了几句正义的话而被纣王制成肉干；文王知道九侯、鄂侯的遭遇，仅叹口气以示同情，就差点被杀掉。所以，"帝"一向残暴蛮横，不讲道理。如果魏国一意侍秦，其结果也是受人摆布，任人宰割。

最后，鲁仲连又站在魏王和辛垣衍的立场上分析他们尊秦为帝的后果：秦王一旦为帝，会更加狂妄自大，他会把秦国大臣、子女安插在魏国王宫，到那时不仅架空魏王，辛垣衍也会被排挤出朝廷，不可能再像现在一样享有权势和尊荣。

辛垣衍被鲁仲连的话触动了，他再三向鲁仲连道谢，说自己再也不敢提尊秦为帝的事了。

"功成耻受赏，高节卓不群"

鲁仲连成功说服辛垣衍，秦王得知后十分吃惊，认为赵国有如此能人，绝不可大意。这时，魏、楚援军到达赵国，三国联军攻秦，最后秦军大败。平原君想封鲁仲连做官，他坚决不接受。面对平原君千金的赏赐，他说："所贵于天下之士者，为人排患释难解纷乱而无取也。即有取者，是商贾之事也，而连不忍为也。"最后，他悄然而去。

晋代左思曾写诗称颂鲁仲连的侠义之举，说他"功成耻受赏，高节卓不群"。鲁仲连作为一个高士，不仅爱国、正直、侠义，还有异于常人的胆识以及出色的智谋，而他的论辩艺术已达到炉火纯青的地步。鲁仲连有勇有谋，德才兼具，是我国历史上杰出的人物。

周纪·秦纪　　周纪　　吕不韦"奇货可居"

吕不韦"奇货可居"

公元前265年，秦昭王立安国君为太子。安国君的儿子异人排行居中，得不到宠爱，以人质的身份长期居住在赵国。因秦国数次进攻赵国，异人在赵国的日子过得很艰难。韩国商人吕不韦途经赵国时，与异人不期而遇。经过一番接触，吕不韦在异人身上发现了巨大的"商机"，认为他是可以长期储存、待时机成熟后出手从而赚取巨额利润的珍贵的"货物"。于是，他散尽家财、投入全部精力帮助异人成为秦国的太子。后来，异人顺利当上了秦王，是为秦庄襄王。吕不韦也如愿以偿，成为秦国的实际掌权者，帮助异人占领了周、赵、卫的大片土地，建立三川、太原、东郡，为嬴政统一六国打下了基础。

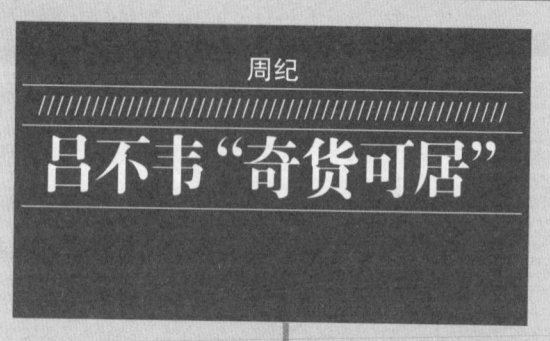

投机政治，扶持异人

秦昭王的儿子安国君妻妾成群，有二十多个儿子。华阳夫人虽最得他宠爱，但因身体原因而不能生育，所以安国君一直没有立继承人。

异人的生母是夏姬，安国君不喜欢她，也就不喜欢这个儿子，因此异人一直以人质的身份留在赵国。秦国多次进攻赵国，致使异人处境悲惨，生活困苦。

韩国阳翟（今河南禹州）有个大商人叫吕不韦，他颇有经济头脑，常往返于各诸侯国之间做生意。他在赵国都城邯郸时，意外遇到落魄潦倒的异人。在两人的交往中，吕不韦认为异人十分聪颖，是个可塑之才，他心中盘算着："这是奇货，可先囤积起来，之后做一笔大生意。"

吕不韦回到家中，问父亲："在家中耕田可得几倍利润？"他的父亲回答说："年景好有十倍利润。"吕不韦又问："贩卖珍宝可得几倍利润？"他的父亲说："顺利的话有百倍利润。"吕不韦继续问："拥立一个国王，可得几倍利润？"他父亲说："助人夺取天下，好处不可计算。"

之后，他父亲疑惑道："你这话是何意？"吕不韦说："秦国安国君的儿子异人以人质身份长期居住在赵国，我想通过扶助他做秦国国王而获取数不胜数的利润。如果事成，我就可以飞黄腾达，我的子孙也会受益。"

吕不韦经过一番准备，前去游说潦倒失意的异人，说："你身为秦国王孙，却生活得这样贫困，我有能力帮你摆脱困境。"异人不屑，说："请先生不要开玩笑，你还是先光大自己的门庭吧。"吕不韦不以为然，仍旧笑着说："我家门庭的光大在公子实现理想之后才能实现。"

异人听出他话里有话，于是赶紧请他上座。吕不韦说："你的父亲安国君被立为太子，我愿助你成为他的继承人。"异人叹息道："哪里会那么容易，我不敢奢想。兄弟二十几人，我既居中，又不被重视，所以才到赵国当人质，继承人永远轮不到我来做。"吕不韦宽慰他说："请不要悲观，事在人为，我有办法让你成为继承人。"于是异人向吕不韦请教。吕不韦分析说："你父亲身边最得宠的女人是华阳夫人，如果她有子，此子必定会成为继承人。可是她不能生育。所以只要你能讨好华阳夫人，你就有成为继承人的可能。"

异人见他言之有理，非常高兴，许诺道："如果我成为国君，定会与你共享秦国天下。"之后，吕不韦开始着手实施自己的计划，他散尽家产，

周纪·秦纪　　周纪　　吕不韦"奇货可居"

▲奇货可居
善于经商算计的吕不韦见到在赵国当人质的公子异人后，意识到借助此人可以使自己飞黄腾达。于是，吕不韦倾其所有帮助异人回国即位，果然使自己成功跻身朝廷重臣之列。

敬重和想念华阳夫人以及父亲。趁华阳夫人高兴之际，她又进言道："现在你倚靠美色独享宠爱，可当你年老色衰时，你凭什么享受荣华富贵呢？你无法生育，始终不能有自己的儿子。如今好不容易遇见既聪颖又具有孝心的异人，何不认他做儿子，让他成为安国君的继承人。这样，异人终生不忘你的恩情，即使你年老了，又怕什么呢？"

这一番话正中要害。华阳夫人的确为无子所困扰，担心自己年老后无所依靠。于是，她寻找时机对安国君说："我受您宠爱，非常荣幸，但无法生育，又十分遗憾。异人聪颖孝顺，是个人才，我想认他做我的儿子，日后继承您的君位，而我年老后也有个倚靠。"安国君见美人求情，心一软，答应了她的请求，并命人刻了一块玉牌给异人作凭证。

华阳夫人是楚国人，异人就将自己的名字改为子楚，华阳夫人知道后很高兴，子楚的地位逐日上升。安国君请吕不韦做子楚的老师。吕不韦将自己的美妾赵姬送给了子楚。据说，那时赵姬已怀孕。赵姬日后产下一子，取名政，相传就是后来的秦始皇。凭借这个儿子，赵姬成了子楚的夫人。

官至丞相，大放政治异彩

公元前257年，秦军围困赵国邯郸，赵国欲处死子楚。紧要关头，吕不韦以六百两黄金贿赂赵国的守城官员，才使子楚顺利逃离赵国。

公元前251年，秦昭王因病去世，安国君继承王位，即秦孝文王。子楚成为太子。此时，子楚的夫人和儿子嬴政也回到了秦国。

公元前250年，秦孝文王去世，子楚继位，即秦庄襄王。秦庄襄王并没有食言，让吕不韦做了相国，还封他为文信侯。吕不韦从此踏上了秦国的政治舞台，开始施展才华。秦国从此进入了吕

一部分送给异人结交天下的英雄豪杰，以壮大势力，传播名声；另一部分用来购买珍宝，然后亲自带着珍宝到秦国为异人上下活动。

游说华阳夫人

吕不韦到达秦国后，先贿赂华阳夫人的姐姐，让她在华阳夫人面前夸赞异人。

华阳夫人的姐姐收下礼物，赶往王宫，把珠宝等物献给华阳夫人，并说这是异人特意托人从赵国带来的礼物。接着，她按照吕不韦的嘱咐，在华阳夫人面前大力夸赞异人，说他贤能有才，又十分

少年读全景 资治通鉴故事 1

| 周纪·秦纪 | 周纪 | 吕不韦"奇货可居" |

不韦擅权时期。他大赦囚犯，收买人心，嘉奖功臣，对百姓施以恩惠，这些措施使他在秦国声名鹊起。

早在公元前256年，秦昭王就灭掉了东周，周王室的统治至此结束。不过，在原周王朝境内还存在一个小封国——东周公国。公元前249年，已经危在旦夕的东周公国在巩地联合各诸侯国，意图组成联盟攻打秦国。正好吕不韦想灭东周公国但没有合适的理由，这一行动无异于给秦国提供了一个最好的借口。最后，秦国大胜东周公国，将其领土纳入自己的版图，消灭了一统天下过程中的最后一个障碍。吕不韦虽然消灭了东周残余势力，但依然保存东周之祀，为自己赢得了崇奉礼义的好名声，也赢得了士人之心，减轻了姜、姬姓诸侯国对秦国的仇恨和敌对情绪。于是，大批士人纷纷投奔秦国。

公元前247年，秦庄襄王因病去世，年仅十三岁的嬴政继位。秦王嬴政尊吕不韦为仲父。之后，吕不韦坐在章台宫大殿秦王御座的右侧直接处理政务。他不疑心旧臣，对元老也没有成见，还广泛地招贤纳士，使秦国在军事和政治上都更加富有生气。

吕不韦手握朝政大权，有门徒三千人。为名垂青史，他命府中门人编撰《吕氏春秋》。此书内容驳杂，有儒、道、墨、法、兵、农、纵横、阴阳等各家思想，从而开创了杂家体例。吕不韦在政治上充分发挥了他作为一个商人的精明，在利益的驱使下见机行事。不过，也正是商人的精明最终断送了他的性命。

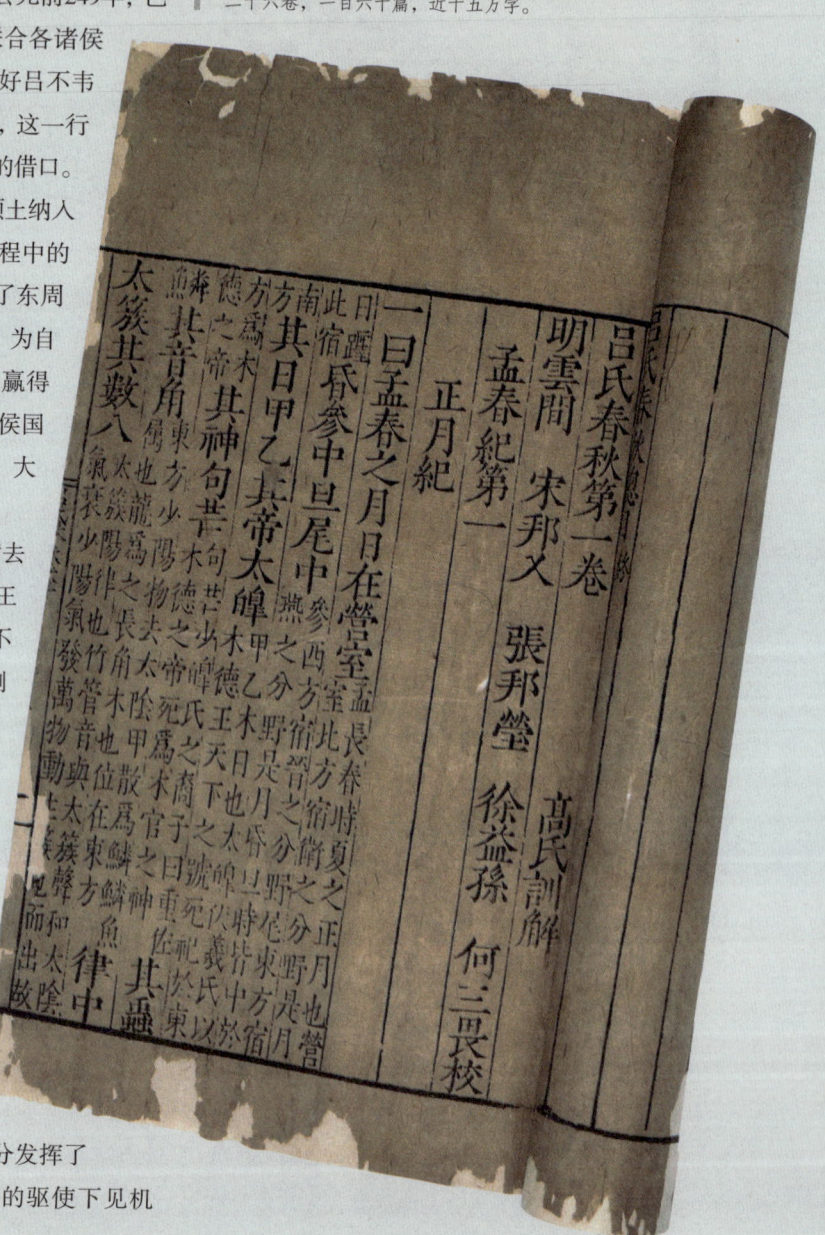

▼《吕氏春秋》书影

《吕氏春秋》是战国末年吕不韦组织属下门客集体编撰的一部杂家著作，又名《吕览》。此书共分为十二纪、八览、六论，共二十六卷，一百六十篇，近十五万字。

少年读全景资治通鉴故事 1

―― 周纪·秦纪 ――

秦 纪

公元前255年~公元前207年

周纪·秦纪 ▶▶ 秦纪 ▶▶ "疲秦之计"郑国渠

秦纪
"疲秦之计"郑国渠

经过长年的征战，至战国末期，天下已经出现了大一统的趋势。一些实力强劲的诸侯国都想建立以自己为中心的大一统的国家，所以他们之间的兼并战争越来越激烈。其中，最有希望赢的就是实力远在六国之上的秦国，所以各诸侯国都绞尽脑汁地对付它。关中是秦国的战略基地，为了进一步增强经济实力和做好战争储备，秦国急需发展这一地区的农田水利，以提高粮食产量。韩国迎合秦国的这一需要，于公元前246年派遣水工郑国到秦修水渠，想借此消耗秦国国力。但事与愿违，这项工程的问世，极大地提高了秦国的粮食产量，反而让它更加强大，其一统天下的步伐也进一步加快了。

入秦实施"疲秦计"

公元前249年，秦国占领了韩国都城新郑的重镇成皋、荥阳等地，韩国即将崩溃。危急关头，韩惠王派遣水工郑国游说秦国兴修水利。韩惠王认为，这是韩国得以生存、拖累秦国的最佳计策。当时，各个诸侯国都全民皆兵，而秦国兴修大型水利工程，就必须有充足的劳动力，还要投入大量的财力和物力，这样秦国在军事上的投入就会减少，韩国就可以趁机恢复元气。

公元前246年，郑国背负着挽救韩国命运的重任，从韩国出发，跋山涉水来到咸阳宫参拜秦王嬴政，向他提出了修建水渠的建议。当时，秦王嬴政只有十四岁，朝政大权掌握在相国吕不韦手中。秦国的关中平原面积广大，物产丰富，但经常发生旱灾，导致粮食减产。吕不韦早就想在关中兴修水利，将此地也变成国家粮仓。吕不韦是商人出身，他希望做些大事证明自己的政治才能，稳固自己在秦国的地位。因此，吕不韦十分欢迎郑国的到来。听取郑国的意见后，他当年就组织人力、物力，开始修建水渠。

工程一波三折

这条关中水渠由郑国主持修建。这项灌溉工程的总干渠西起仲山（在今陕西省）脚下的泾河，东到洛水，全长三百余里，沿途需经过冶、清、浊、石川等大河以及不计其数的小河，工程的难度非常大。

工程开工建设后，郑国不辞辛苦，跋山涉水，实地勘察，还询问当地百姓，掌握了最翔实的资料。郑国利用关中平原西北高、东南低的地形，又

| 周纪·秦纪 | 秦纪 | "疲秦之计"郑国渠 |

参照平原上水系的特点，制定了引泾水灌溉的设计方案。郑国在平原上找到了一条屋脊似的最高线，这样渠水就可以由高处流往低处，实现自流灌溉。郑国还别具匠心地采取了"横绝"技术，即通过拦堵沿途的清峪河、浊峪河等河流，让河水自动流入渠道，这样就可以灌溉河流下游的土地。

公元前237年，水渠即将竣工，但意外发生了。秦国为修筑此水渠已经花费十年的时间，光调动民工就有数十万人。当时，秦国臣民都认为这是郑国想要秦国劳民伤财的政治阴谋。于是，秦国旧贵族势力以此事为借口，主张驱逐六国宾客。

郑国对秦王表明心意，诚恳地说："我的确是为疲秦而来，但水渠一旦修成，秦国受益最大。我虽然延缓了韩国的灭亡，但也为秦国立下万世的功劳。您杀死我不是不可以，但工程半途而废，会给秦国造成更大的损失。"

秦王嬴政思索再三后，认为兴修水利工程对关中农业生产和国家实力的增长所产生的重大意义远在国力损耗之上。在大臣李斯的劝谏下，秦

▼郑国像
郑国是战国时期韩国人，著名的水利专家。郑国受命入秦游说，建议秦王引泾水东注北洛水为渠，借此削弱秦国国力，使其无力征伐。

王嬴政命郑国继续修筑水渠，还收回了驱逐六国宾客的命令。

恩惠千秋郑国渠

公元前236年，这条花费了十年时间修建的水渠终于完工了。水渠工程浩大，规模宏伟，因为有泾河河水灌溉田地，淤田压碱，所以原来的沼泽盐碱之地变成了沃野，关中平原一度富甲全国。《史记》中有记载，水渠修成后，"关中为沃野，无凶年"。

秦人为了对郑国表示感谢，将水渠命名为郑国渠。

郑国渠的建成，使韩国"疲秦"的计划最终失败，而秦国反而因此受益，有了一统天下的经济基础。都江堰和郑国渠南北呼应，如一对巨大翅膀，使秦国展翅飞翔。

在我国古代水利史上，郑国渠占有重要地位。它开凿时间早、工程规模大、施工技术高，改变了关中平原的农业面貌，使八百里秦川变成富饶之地。郑国渠建成后，一直都被使用，至今仍发挥着重要作用。

◀（战国）青铜短剑
战国时期，青铜冶炼铸造技术正处于辉煌的巅峰，所以当时各国的兵器大都用青铜制成。这把青铜剑短小精悍，线条流畅，剑刃锋利，纹饰精细，体现了当时青铜兵器的制作工艺。

少年读全景 资治通鉴故事 1

| 周纪·秦纪 | 秦纪 | 秦王嬴政亲政 |

秦纪

秦王嬴政亲政

商鞅变法使秦国国富兵强，各代秦王都礼贤下士、励精图治。由此，秦国渐渐具备了统一六国的经济、政治基础。而其他六国彼此倾轧，不能一心抗秦，更加速了秦统一天下的步伐。公元前238年，秦王嬴政亲政。他运筹帷幄，很快平定内乱，铲除了异己势力吕不韦，总揽大权。后经数年的部署和征战，公元前221年，他终于尽灭六国、统一天下，自春秋以来持续了五百多年的诸侯割据纷争局面终于结束，我国历史上第一个中央集权的封建君主制国家建立。而秦之所以能灭六国，原因是多方面的，但本质原因是它顺应了历史发展的必然趋势——大一统。

▲（战国）三鸟簋
此器通高13.5厘米，口径10.4厘米，直口，深腹，腹上部两侧各置一环耳，高圈足外撇，圜顶盖。盖顶中心置一环纽，环纽周围近边缘处浮雕3只昂首卧鸟，形制极为少见。

苦尽甘来登上王位

嬴政出生时，秦国以范雎"远交近攻"策略为原则，竭力兼并与秦国相邻的诸侯国。当时，嬴政的父亲子楚一开始并不受宠，一直作为人质被扣押在赵国，嬴政少年时代是在邯郸度过的，受尽欺辱。后来，子楚在吕不韦的斡旋下，终于回到秦国继承王位。但此时，嬴政和母亲赵姬还留在赵国，多亏吕不韦花费巨额财物才将母子俩接回秦国。

公元前247年，秦庄襄王子楚去世，嬴政继承王位。当时，他才十三岁，由相国吕不韦掌握朝政大权。其实，太后赵姬原是吕不韦的宠妾，后来吕不韦把赵姬献给了子楚。子楚去世后，二人旧情复燃，又开始私通。但随着秦王嬴政年岁渐长，吕不韦担心此事泄露后会对自己不利。于是，为摆脱赵太后，吕不韦将门人嫪毐推荐给太后。

为使嫪毐顺利进宫，吕不韦指使人诬告嫪毐，致使嫪毐被判处腐刑，然后他又打通关节，暗中使嫪毐免受刑罚。这样，在外人看来已被处以腐刑的嫪毐顺理成章地进了宫，专门服侍赵太后。赵太后十分宠爱嫪毐，赐封他为长信侯。嫪毐与赵太后生有两个私生子，嫪毐便以秦王嬴政的假父自居，并逐渐形成了一股强大的势力。

平定嫪毐之乱

公元前239年，吕不韦公布《吕氏春秋》，嫪毐分土封侯，两个政治集团都向年轻的嬴政示威，嬴政面临着严峻的考验。《吕氏春秋》反对君主专政，宣传无为思想，主张天下为公，华夏一统，这些理论与当时秦国盛行的法家思想及政策截然相反。吕不韦想用这种理论对嬴政治理国家的方式产生影响。嫪毐则倚靠赵太后扩大自己的权势，还想害死嬴政，以扶植自己和太后的私生子。

虽然吕党和后党的气焰日炽，但秦王嬴政一直引而不发。公元前238年春，嬴政按照原定计划前往秦国故都雍城举行加冕礼。

一次，嫪毐与贵臣因醉酒而发生口角，嫪毐情急中怒斥贵臣说："我乃秦王的假父，你居然敢惹我？"贵臣心惧而逃走，并向嬴政揭露嫪毐与太后的隐私和阴谋。嫪毐得知此事后，马上偷

周纪·秦纪 秦纪 秦王嬴政亲政

偷返回防备空虚的咸阳，发动军事政变。

嬴政对此早有准备，他迅速命相国昌平君、昌文君带领军队攻打嫪毐。嫪毐并无军事才能，而且他的手下只不过是仓促纠结起来的乌合之众，根本无法与嬴政的卫戍部队相对抗。激战之后，嫪毐及其党羽兵败逃跑。嬴政大加褒赏在平叛中立功的人，同时发布通缉令："有生擒毐者，赐钱百万；杀之，五十万。"

不久，嫪毐和他的党羽都被捉住。随后，嫪毐及其党羽在咸阳闹市被施以车裂的刑罚。嬴政还诛灭嫪毐三族，包括其与太后所生的两个私生子。在此事中被株连、剥去官爵、遭流放的人多达四千多家。

罢免权相吕不韦

嫪毐事件也牵连到吕不韦，毕竟是他将嫪毐献给太后的。嬴政这时已有杀吕不韦之心，并想趁机肃清吕党。吕不韦为秦国立下奇功，功勋卓著，在朝在野都很有影响力，为他求情的人络绎不绝。嬴政考虑到自己刚亲政，根基不稳，于是决定顺水推舟，先放吕不韦一马，暂时不动他。

公元前237年，嬴政已经牢牢掌握了国家政权，于是他罢去吕不韦的相国职位，还将其封地改为洛阳。

吕不韦在洛阳居住的一年时间里，关东六国的君主一直派人到洛阳和他联络。嬴政知道后十分震惊。为防止吕不韦叛变，嬴政于公元前235年给吕不韦写了一封信，信中尽是藐视和侮辱的言辞："君何功于秦，封君河南，食十万户？何亲于秦，号称仲父？其与家属徙处蜀！"

吕不韦思索再三，认为嬴政不会放过自己，就服毒自杀。他的门人秘密地把他埋葬在洛阳北芒山。嬴政得知后，不仅把吕不韦全家男女老少都贬为官府奴隶，还大肆搜捕吕不韦的门人弟子，将他们或削官夺爵，或驱逐出国门，或流放到偏远地区。

仅仅用了三年时间，秦王嬴政就相继清除了嫪毐和吕不韦集团，扫清了执政路上的障碍，由此可见嬴政有着杰出的才智和谋略。

此后，嬴政专心于政事，从公元前230年到公元前221年，他依次兼并了韩、赵、魏、楚、燕、齐六国，终于完成了统一大业。从此，"海内为郡县，法令由一统"，中国历史上第一个统一的多民族专制主义中央集权国家建立。

◀ (战国) 兽形金饰
战国时期秦国的金银器极为罕见，多为装饰品。这件秦国兽形金饰从嵌铸法、锉磨、抛光等工艺来看，都已经达到了较高水平。

周纪·秦纪 　秦纪　　赵国名将李牧

战国是我国古代重要的历史时期。在此期间，各种思想、文化相互碰撞，相互融合，政治制度也发生了剧烈的变革。各诸侯国之间为争夺土地、霸权连年征战，战争成为国家生存和发展的必要手段。为了在战争中立于不败之地，各诸侯国都广招军事人才。正所谓时势造英雄，那个战乱纷争的时代，造就了一大批杰出的军事家，李牧就是其中的佼佼者。李牧（？～前229），战国末期赵国人，赵国著名将领，与赵国将领廉颇、秦国将领白起和王翦并称"战国四大名将"。

以弱示敌，北抗匈奴

赵武灵王实施"胡服骑射"改革后，赵国逐渐崛起。赵惠文王、孝成王时，匈奴各部落的军事力量也日渐强大，他们经常侵扰赵国北部的边境。为抵御匈奴，赵孝成王派李牧率领军队戍守北部边疆。

李牧曾长年驻守在赵国北部的代郡（今河北蔚县）、雁门郡（今山西代县西北）等地区抵御匈奴，是一位很有谋略的将领。

李牧积极采取措施增强军队的战斗力，督促战士们苦练骑射技术，使赵国军队有实力抵抗匈奴的进攻。同时，他派人昼夜守护烽火台，不曾有丝毫倦怠，并派出众多情报人员在各处侦查匈奴活动，一有情况，马上上报。他还严令"匈奴即入盗，急入收保，有敢捕虏者斩"，这样，即使匈奴前来侵扰，也无所得，而赵国却保存了实力。但匈奴人认为李牧谨慎避战是怯懦的表现，赵军将士也如此认为。虽然李牧为此而受到赵孝成王的斥责，但他依然不改，最终惹恼了赵王而被召回。

赵孝成王派遣的新将领上任后，面对匈奴的进攻，每次都出兵迎战，与李牧的做法截然相反。可是，赵军并没有得到任何好处，赵军多次在战争中受挫，边境百姓不能正常地从事农业生产，军队供给出现问题。赵孝成王只得恳请李牧复出。李牧提出"王必用臣，臣如前，乃敢奉令"的要求，赵孝成王全部答应了。

李牧重新上任，仍执行过去的方案。赵国将士在城中衣食无忧，却无法迎战匈奴，他们每日求战心切，渴望与匈奴拼死决战。

李牧见士兵情绪高涨，认为时机成熟，便精心选出一千三百辆兵车，一万三千匹战马，五万勇士，十万优秀射手。他严格训练挑选出来的士

◀李牧像
李牧是战国四大名将之一，也是战国末年东方六国中唯一能与秦军抗衡的杰出将领。

少年读全景
资治通鉴故事 1

▶▶ 周纪·秦纪　　▶▶ 秦纪　　▶▶ 赵国名将李牧

兵。之后，李牧乘胜进击，灭襜褴、破东胡、降林胡等部族，匈奴单于远逃他乡，赵国边境保持了十多年的安定。李牧成为赵国继廉颇、赵奢之后最著名的一位将领。

李牧抵御匈奴的基本战略就是坚壁清野，即转移野外的物资，加固防御工事，使对手无物资可抢，且攻不下城池。赵国在这一过程中积蓄了实力，而匈奴则消耗了实力。决战来临后，李牧示弱以麻痹对方，使其产生轻敌思想，从而获取有利战机。

匈奴强大后，李牧是第一个与其大规模交战的中原将领。赵国在对抗匈奴的战斗中取得了辉煌的胜利，消除了北部的压力，随即开始全力抗击秦国。

▲ 王翦像
王翦是战国末期杰出的军事家，与其子王贲在辅助秦王嬴政统一六国的战争中立有大功。除韩国外，其余五国均为王翦父子率军所灭。

力挽狂澜，抗秦砥柱

后来李牧被调回朝中，被封为相国，奉命出使秦国。他与秦订立盟约，接回了赵国留在秦国的人质。

公元前244年，赵悼襄王继位，此时赵奢、蔺相如等重臣已经去世，廉颇受排挤而出走魏国，李牧成为赵国的中坚力量。

秦国使魏国臣服后，将下一个目标指向赵国。公元前233年，赵国将军扈辄不敌秦国将军樊於期，损失十万军队，赵国形势危急。李牧率领军队南下抵御秦军，在宜安（今河北藁城）与秦军交战。最后秦军战败，樊於期带领少量亲兵冲出包围，畏罪不敢回国而逃到燕国。

兵，还让百姓在水草丰美而醒目的地方放牧。匈奴首领见到后，垂涎欲滴，便令小股兵力前去骚扰赵军。这次李牧出兵迎敌了，不过和匈奴刚一交手随即后撤，佯装战败。

匈奴单于大喜，认为赵军不堪一击，于是率领主力发动大规模进攻。李牧采用两翼包抄的战术，出乎意料地包围了匈奴军队，歼灭十余万匈奴骑

▶ 杀李牧自毁长城
赵国奸臣郭开被秦国重金收买后，四处散布流言，诬陷李牧勾结秦军，意欲谋反。昏聩的赵王轻信流言，布下圈套斩杀李牧。赵王冤杀良将，自毁长城，把赵国带入了灭亡的深渊。

周纪·秦纪　　秦纪　　赵国名将李牧

▶（战国）镶宝石虎鸟纹金饰牌
此金饰牌出土于内蒙古鄂尔多斯杭锦旗阿鲁柴登匈奴墓，通长4.5厘米。匈奴人崇拜虎，而"虎"取义于天上的昴星团，昴星团由7颗星组成，这就是虎身上镶嵌7块宝石的原因。

这一战，秦国损失惨重，李牧因抗秦有功而被赵幽缪王封为武安君。武安君是秦国杰出将领白起的封号，李牧大败秦军后，赵幽缪王说"李牧是赵国的白起"，因此封他为武安君，此时赵王非常器重李牧。

公元前232年，秦再次攻打赵国的番吾（今河北平山），李牧率军迎战，又大败秦军，不过赵国损失也不小。当时，韩、魏两国已臣服于秦，并配合秦军进攻赵。因此，李牧还要在南边抵抗韩、魏的进攻。

赵幽缪王自毁长城

公元前229年，秦王命王翦率领数十万大军攻打赵国，赵幽缪王派李牧、司马尚迎战，秦军屡战不胜。

王翦很清楚，李牧才是最大的敌人。于是，秦国派遣奸细混入赵国都城邯郸，并用重金收买赵幽缪王身边的大臣郭开。在秦人的授意下，郭开散布谣言，说李牧、司马尚正与秦军勾结，不日将背叛赵国。

消息传到赵幽缪王的耳朵里，他勃然大怒，也不调查就马上让宗室赵葱和投奔赵国的齐人颜聚去取代李牧和司马尚的职位。李牧虽接到命令，但为国家社稷着想，坚决不交出兵权，继续抵抗秦军。郭开等人在暗中监视李牧，趁他不备，将他捉住并处死。

公元前228年，王翦大举进攻赵国，最终灭掉赵国，俘虏赵幽缪王，邯郸成为秦国郡治。

李牧是战国末年著名的将领，他有勇有谋，治军有方，深受将士和百姓的拥护。他前期活动在赵国北部边境，抵御匈奴的进攻，打败匈奴回朝后，开始参与政治、军事活动，主要抵御秦国的进攻。李牧一生都征战沙场，成为赵国抵御侵略的有力屏障。可惜赵王偏听谗言，不辨是非，将李牧处死，此举无异于自毁长城，最终招致国家灭亡。李牧的遭遇与秦国大将武安君白起非常相似，不由得让人扼腕叹息。

▶▶ 周纪·秦纪　　▶▶ 秦纪　　▶▶ 法家大成韩非子

秦纪
法家大成韩非子

韩非，战国末期韩国人，出身于贵族。他曾多次上书劝谏韩王以变法谋求国家的富强，但其建议一直没有被采纳。无奈之下，韩非退而著书，有《孤愤》《五蠹》《说难》等著作。他曾拜荀子为师，但更精通"刑名法术之学"。在荀子"性恶论"的基础上，他融合"法、势、术"三家思想，完善了法家的理论体系，使其逻辑严密而又系统化，从而成为法家思想的集大成者。在统一的中央集权国家——秦朝的建立过程中，他的思想起到了很大的理论指导作用。此外，他还继承并发展了老子的唯物主义无神论思想，是战国末期带有唯物主义色彩的哲学家。

师从荀子，另辟蹊径

韩非是韩国贵族，年轻时与李斯同拜于荀子门下。虽以荀子为师，但韩非没有继承、发展儒家思想，反而"喜刑名法术之学"，并"归本于黄老"，继承和发展了法家思想，最终成为法家的代表人物。

在战国时期主要的七个诸侯国中，韩国实力最弱，而且江河日下。韩非曾多次向韩王进谏，建议韩王变法图强，革除"治国不务修明其法制、所养非所用、所用非所养"的弊政，但其意见始终不被接受。郁郁不得志的韩非开始从"观往者得失之变"中探寻由弱变强的道路，先后写出了《孤愤》《五蠹》《内外储》《说林》《说难》等著作，多达十余万字。

韩非的学说没有儒家、墨家那种平和的色彩。他的思想和理论很直接，那就是服务于君王，维护和巩固君王的权势与地位，保证其至尊地位。

"法、术、势"相结合

战国时期，新兴的地主阶级为维护政权，迫切需要与之相适应的理论做指导，而韩非的法家理论正好适应了他们的需要。

韩非将商鞅的"法"、申不害的"术"、慎到的"势"融为一体，第一次指出"法、术、势"是统一而不可分割的。韩非指出，国家要实行法治，因为法是国家最基本的规章制度，是立国的根本。除君王外，所有的臣民都必须遵守。对待行政官吏，应"任法不任贤"，必须严格考核。对于商鞅"以刑止刑"的思想，韩非予以继承，并主张重刑厚赏。此外，

◀韩非子像
韩非子是战国时期著名的哲学家，他继承和发展了荀子的法术思想，同时又吸取了法家的其他学说，成为法家学说的集大成者。

少年读全景 资治通鉴故事 1

| 周纪·秦纪 | 秦纪 | 法家大成韩非子 |

韩非明确提出"法不阿贵"的思想，指出"刑过不避大臣，赏善不遗匹夫"，这是我国古代法治思想的巨大进步，对于扫除贵族特权、维护法律正义具有重要的影响。韩非认为，要推行法治就必须掌有权势。统治者不仅要掌握政权，还需借助这种力量行法用术，驾驭人民。如果有法有势但无术，政权不会稳固，君王无法得到利益。因此，他同样强调术的重要性，认为术是"藏之于胸中，以偶众端而潜御群臣"的工具，君王不露声色，但赏罚大权尽在掌握中。

"法、术、势"三者的统一结合，形成了一个严密的政治思想体系，这个体系成为封建地主阶级建立统一的中央集权国家的工具。

▲滥竽充数

《韩非子》一书是先秦法家的代表作，其特点是善于运用有趣的寓言故事将道理讲得形象生动、通俗易懂，其中许多寓言脍炙人口、深入人心。比如"滥竽充数"的故事就出自《韩非子·内储说上》。

同窗排挤，死于非命

韩非的著作流传到秦国，秦王嬴政读罢《孤愤》《五蠹》后，大声感叹："嗟乎！寡人得见此人与之游，死不恨矣！"

为见到韩非，秦王嬴政派军队进攻韩国。虽然韩王一直没有重用韩非，但此时情况紧急，韩王只好派韩非出使秦国。秦王见到韩非后十分高兴，对其大加赞赏。而李斯却因此不悦，他担心自己的地位不稳，于是对韩非大加诽谤。秦王嬴政也顾忌韩非是韩国宗室，所以并没有马上重用他。

公元前233年，韩非上书劝谏秦王，应先伐赵国，后伐韩国。此建议被李斯和姚贾等人抓住把柄，他们在秦王嬴政面前进献逸言："韩非毕竟是韩国贵族子弟，一定会全心全意地保全韩国，而不是竭力为大王一统天下服务，这也算是人之常情。如今，大王留他而不用，放他回国等于放虎归山。大王不如找个罪名将他杀掉。"

秦王嬴政听后，感觉李斯说得很有道理，于是将韩非交执法官审讯。李斯看准时机，为韩非送去毒药。韩非想面见秦王嬴政，自陈心迹，却被李斯设计阻止。等秦王嬴政将问题想清楚，要赦免韩非时，韩非早已被害身亡了。

韩非的封建专制理论和法家学术思想冠绝一时，乃至后来的学者都无法超越，只能在技巧上或实践上对其加以发挥，但在理论上一直没有突破。

《韩非子》是韩非去世后，世人搜集他的遗著并加入他人论述韩非学说的文章而编成的一本书，共有五十五篇文章，十余万字。全书文风峻峭，语言犀利，里面有众多寓言故事，在先秦诸子散文中具有鲜明的特色。

| 周纪·秦纪 | 秦纪 | 荆轲刺秦王 |

秦纪
荆轲刺秦王

诸侯国之间经过连年征战，各有损益，到战国末期，天下格局已经发生很大变化。其中秦国的变化最惹人注目。商鞅变法之后，秦国逐渐强大起来，并开始向东扩张领土；秦惠王、秦昭王时，仍然实行军功制。在这种制度下，秦人"怯于私斗而勇于公战"，军队战斗力迅速增强。此外，秦国地理位置极佳，物产丰富。秦国经过多代君王的苦心经营，经济、军事实力都远远超过了其他诸侯国。秦王嬴政继承王位后，继续扩张领土，灭掉韩、赵两国后，又出兵逼近燕国。燕国太子丹惊恐万分，于公元前227年派荆轲刺杀秦王，从而谱写了一曲剑气纵横、曲折跌宕的乱世悲歌。

燕太子丹的阴谋

秦王嬴政一直将一统天下作为自己的目标，重用尉缭、李斯等人实行政治、军事、经济等方面的改革，使秦国的实力更加强大。秦国依仗自己强大的军事力量，四处征讨，力图消灭六国。燕国为抵抗秦国，与赵国结盟，但联盟被秦国瓦解，燕国多座城池都被秦国占领。太子丹原是燕国留在秦国的人质，他见秦王吞并六国的气势越来越盛，而自己的国家不断战败，因此潜回燕国。

太子丹非常怨恨秦王嬴政，一心想诛杀秦王，以保存燕国的宗庙社稷。不过，他没有将重点放在加强燕国的军事实力和联合其他诸侯国上，而是花费巨资寻找刺客，企图刺杀秦王嬴政。后经人推荐，太子丹结识了荆轲。

据考证，荆轲是卫国人。卫国灭亡后，他四处游历，到过赵国的榆次、邯郸等地，最后来到燕国。在燕地，他结识了高渐离，并与之成为好友。他们在市井中纵酒放歌，酒醉之后又相拥而泣，并不理会他人异样的目光。史书上记载荆轲"好读书击剑"，"虽游人乎，然其为人沉深好书"。可见荆轲为人深沉而有学问，并非莽夫。

太子丹坦诚地对荆轲说："诚得劫秦王，使悉返诸侯侵地，若曹沫之与齐桓公，则大善矣；则不可，因而刺杀之。"开始，荆轲拒绝了太子丹的

◀ 荆轲刺秦王

荆轲为酬知己，冒险刺秦。虽然最后以失败告终，但他那惊天动地的壮举，慷慨激昂的侠风，令后世人为之赞叹。

少年读全景
资治通鉴故事 1

| 周纪·秦纪 | 秦纪 | 荆轲刺秦王 |

请求。而太子丹封他为上卿，礼遇甚佳。荆轲为报答太子丹的知遇之恩，最后答应刺秦。

壮士一去不复返

公元前230年，秦国灭掉韩国；随后，秦国大将王翦攻入赵国都城邯郸。秦国大军逐渐北进，逼近燕国边境。

太子丹万分着急，坐立不安，前往荆轲处，说："燕国以军队抵抗秦国是可笑的，犹如以卵击石。而与其他诸侯国联合抗秦，为时已晚。现在只能派勇士以使臣的身份拜见秦王嬴政，趁机杀死他。你认为这样可行吗？"

荆轲回答道："可行。但要接近秦王嬴政，必须让他相信我们是诚心求和的。燕国督亢（今河北涿州一带）的土地最肥沃，秦王早就垂涎三尺。秦国大将樊於期流亡到燕国，秦王以重金悬赏通缉他。只要我带上樊将军的人头和督亢的地图前去拜访秦王，他定会接见我，我也就有机会接近他了，这样才可以对付他。"

太子丹说："督亢的地图没问题，但樊将军已

▼（战国）镂空蟠螭纹柄短剑
这把短剑长31.5厘米，纹饰繁缛，做工精巧。战国晚期铁制兵器虽已出现，但冶铁工艺尚未成熟，而青铜兵器的冶炼铸造技术正处于辉煌的巅峰，所以各国的兵器大都用青铜制成。

经投靠我，我怎能杀他呢？"

荆轲见太子丹不忍杀掉樊於期，就自己去见樊於期，对他说："秦王嬴政杀害您全家，并悬赏重金缉拿您，难道您不想报仇吗？"樊於期愤恨地说："我与秦王有不共戴天之仇，但一直苦于没有办法报仇。"

荆轲说："我有一个办法，只是……"樊於期问道："先生为何言辞吞吐？"

荆轲沉默不语，后在樊於期的多次催问下才说出了计划。樊於期听后，泰然自若地说："只要能杀秦王嬴政，我又何必在乎这颗脑袋呢？"说完便拔剑自刎。

樊於期死后太子丹非常悲痛，他命人厚葬樊於期。之后太子丹将一把锋利无比的匕首交给荆轲，并派燕国的另一位勇士秦舞阳随同荆轲前往秦国。荆轲想等一个能帮助自己的朋友赶到后一起去秦国，太子丹以为他这是故意拖延时间，便再三催促他，荆轲只好立即带秦舞阳奔赴秦国。

公元前227年的深秋，荆轲和秦舞阳起身赶赴咸阳。太子丹和知道这件事的宾客一身素白，在易水河边为他俩饯行。荆轲的好友高渐离击筑，荆轲和着曲调而歌："风萧萧兮易水寒，壮士一去兮不复还。"歌声凄凉、悲怆，闻者无不落泪。接着，乐曲又变得慷慨激昂，人们怒目圆睁，怒发冲冠。太子丹为荆轲斟满酒，荆轲一饮而尽，转身上车，飞驰而去，始终没有回头望一眼。

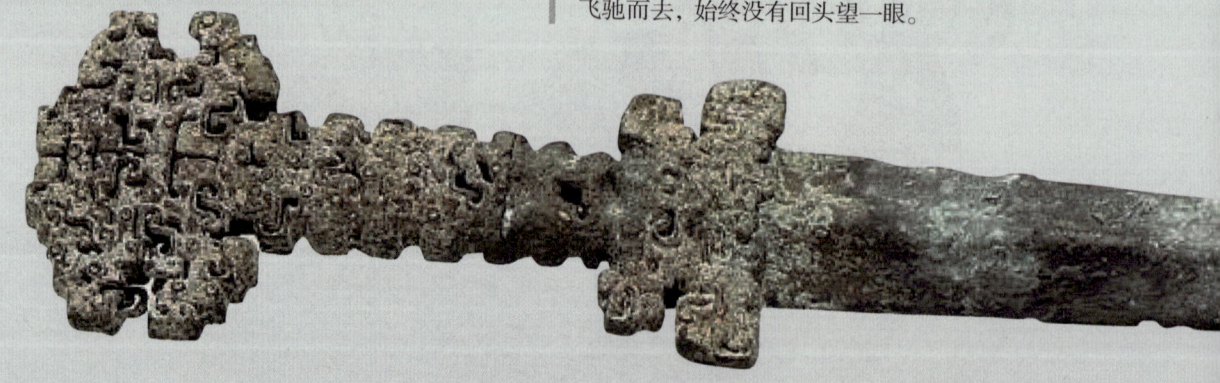

| 周纪·秦纪 | 秦纪 | 荆轲刺秦王 |

面见秦王，图穷匕见

荆轲到达咸阳，以使者的身份拜见秦王嬴政。秦王嬴政得知他们送来樊於期的人头和督亢的地图，非常高兴，于是身穿朝服，以九宾之礼在咸阳宫接见荆轲和秦舞阳。荆轲双手捧着装有樊於期人头的木匣，秦舞阳则手捧地图，来到王宫。咸阳宫戒备森严，侍卫众多，秦舞阳被吓得脸色发白，浑身乱抖。秦国侍卫很惊讶，大声质疑道："使者为什么脸色大变？"荆轲扭过头向秦舞阳一笑，然后走上前向秦王谢罪，说："他是燕国乡下人，从未见过像您这样威严的君王，因此害怕。请大王见谅，让他能够在大王面前完成使命。"

虽然荆轲掩饰得很好，但秦王嬴政还是有了戒心，他只让荆轲一人带着木匣和地图上前进献。木匣被打开后，秦王嬴政发现里面的确是樊於期的人头，十分高兴。又命荆轲献出地图。荆轲缓慢地打开地图，同时向秦王嬴政说："燕国督亢，物阜民丰……"正当秦王嬴政心满意足之时，地图已完全展开，现出匕首，荆轲拿起匕首就刺向秦王嬴政。

秦王大惊，急忙闪躲，却被荆轲拽住了袖子。眼见荆轲的匕首向胸口刺来，秦王慌乱中挣断袖子，转身而逃。荆轲手拿匕首，紧紧追赶。秦王嬴政以朝堂上的铜柱子为掩护，左右躲闪，两个人直围着柱子转圈。

此时朝堂上有许多秦国大臣，可他们手中没有兵器，震惊之余，不知如何是好。朝堂外的侍卫都手持兵刃，但按照秦国规定，没有秦王命令，他们不能上殿。所以尽管形势危急，也没有侍卫敢入内营救。

▲荆轲塔
荆轲塔位于河北易县西南的荆轲山顶。这座典型的飞檐八角塔造型典雅，为砖式结构，塔身高26米，共有13层，通体呈灰白色。荆轲塔所在的土山其实是荆轲的衣冠冢。

在这危急时刻，御医夏无且用自己的药袋砸向荆轲。荆轲错愕时，秦王嬴政趁机拔出宝剑砍向荆轲，正砍中荆轲的左腿。荆轲因伤跌倒在地，遂将匕首掷向秦王，秦王闪过，匕首击在铜柱上，溅出火星。秦王见荆轲已没有武器，赶上前来又刺荆轲几剑，然后召来侍卫，杀死荆轲。而秦舞阳早被外面的侍卫砍成了肉酱。

燕国的这一举动彻底地激怒了秦王嬴政。于是，秦王下诏增加伐燕的兵力，大举进攻燕国，于公元前222年灭燕。

虽然荆轲刺秦王的行动以失败告终，但他勇猛、侠义、不畏强暴、舍生取义的精神却成为有志之士的榜样。不过，我们也应清醒地看到，统一是历史发展的潮流，这不是某个刺客的一次暗杀行动就能阻止的，荆轲刺秦注定会失败。

少年读全景
资治通鉴故事 1

| 周纪·秦纪 | 秦纪 | 千古一帝秦始皇 |

秦纪
千古一帝秦始皇

秦始皇，姓嬴，名政，秦庄襄王之子，十三岁时继承王位。他凭借先辈创建的雄厚基业，在七雄对峙中逐渐占据优势。经过多年鏖战，秦王嬴政终于在公元前221年彻底扫灭群雄，建立了大秦帝国。自此，东周诸侯纷争、战乱不休的局面宣告结束。作为中国历史上的首位皇帝，秦始皇嬴政建立了我国历史上第一个大一统王朝，从而为后世王朝统一中华做出了榜样。

功高盖世，自称皇帝

统一六国后，自认为功劳无人能及的嬴政，觉得"秦王"的称号不足以表现自己的盖世伟业，所以决定重新确定尊号。他命群臣集思广益，评定尊号。有的大臣认为应该用"皇"，有的大臣认为应该用"帝"，因为他们认为嬴政的功绩堪比古代贤君三皇五帝。然而，嬴政却对三皇五帝不屑一顾，经过一番思量，他最后将"皇"和"帝"合二为一，称自己为"皇帝"，言下之意就是自己的伟业远在三皇五帝之上。

此后，为了体现皇帝至高的权威，秦始皇又提了一番要求：皇帝自称为"朕"，皇帝之命叫"制"，皇帝之令叫"诏"，皇帝私人之印叫"玺"，皇帝之妻叫"皇后"，皇帝之母叫"皇太后"。从此，这些日后广为人知的皇室称谓开始流传下来。

此外，嬴政还自称"始皇帝"，宣布将来继承帝位的皇子、皇孙称"二世""三世"以至"万世"，幻想秦王朝的统治能延续千秋万代。

改革旧制，巩固集权

为了巩固中央集权，秦始皇决定对国家体制进行一番变革，具体方法有以下几条。

◀ **秦始皇像**
秦始皇嬴政先后扫灭六国，完成了统一全国的大业，建立了中国历史上第一个统一的多民族的中央集权制国家，他也被后人称为"千古一帝"。

▶▶ 周纪·秦纪　　▶▶ 秦纪　　▶▶ 千古一帝秦始皇

▲秦始皇陵兵马俑阵
秦始皇兵马俑坑是秦始皇陵的陪葬坑，是世界上最大的地下军事博物馆。最早被发现的是一号坑，呈长方形，东西长230米，南北宽62米，深约5米，总面积约14260平方米，四面都有斜坡门道。一号坑左右两侧各有一个兵马俑坑，现称二号坑和三号坑。

首先，改革官制。为了有效地治理国家，秦始皇决定设立三公。三公包括丞相、太尉和御史大夫。丞相主要负责辅助皇帝处理政务，太尉主要负责军事事务，御史大夫主要负责监察官员和为皇帝撰写诏书。

其次，在全国推行郡县制。全国共设三十六个郡，每个郡又设若干个县，每个县又设若干个乡，每个乡又设若干个亭，每个亭又设若干个里。主管郡一级事务的最高官员叫郡守，主管县一级事务的最高官员叫县令。

再次，修建长城。为了防御北方的匈奴大军，秦王朝在拆毁六国长城后，在其废墟上修建了东起辽东、西至临洮的万里长城。

最后，统一文字、货币、度量衡。秦帝国建立前，六国都有自己的文字、货币和度量衡，若继续沿用，就会增加朝廷管理的难度，同时也会阻碍各地间的文化交流。在此情况下，秦始皇决定在全国范围内统一文字、货币以及度量衡。

以上各种政策的实行，极大地巩固了秦王朝的政权，同时也推动了全国各地的经济发展和文化交流。

焚书坑儒，大兴土木

为了进一步强化中央集权，秦始皇还用严刑酷法统治国家。儒生们深以为恶，于是聚集起来上书抗议。当朝丞相李斯决定杀一儆百，以此来表明君权的至高无上。他觉得治国的办法应该随

周纪·秦纪　　秦纪　　千古一帝秦始皇

▲秦桥遗迹
秦桥遗迹位于山东荣成成山头南面海中，那里有四块天然巨石，它们时隐时现，传说是当年秦始皇为渡海求仙在海中架桥时所留下的遗迹。

着时代的变化而变化，夏商周三代的治国办法如今已不足称道；可是，许多儒生还在到处宣扬古代制度的优点，如此扬古贬今，只会误导民心，破坏天下的稳定。因此，一定要镇压蛊惑民心者。经过一番考虑，他将这种情况的出现归咎于书籍，于是他上奏秦始皇，希望焚毁一切不利于国家安定的书籍。

秦始皇欣然应允，下令焚书。没过多久，先秦时代的书籍就几乎被焚毁殆尽。李斯认为这样可以防儒生之口，谁知此事发生后，儒生们反而大肆辱骂秦始皇。秦始皇得知后火冒三丈，立即下诏逮捕造事儒生，随后又坑杀了约四百名儒生。

焚书、坑儒两件事在我国历史上臭名昭著，不仅导致我国众多古籍被焚毁一空，还导致我国自春秋时期形成的百家争鸣的文化氛围彻底消失。可以说，焚书坑儒事件是我国文化史上一次严重的灾难。

此外，秦始皇的暴虐行为数不胜数。为了满足个人私欲，他动用巨大的人力、物力、财力修建骊山墓。当时，秦朝共有两千多万人口，而从事劳役的就有近百万人，并且这近百万人都是壮劳力。如此一来，土地无人耕种，给农业造成了极其严重的破坏。一边是暴敛重赋，一边是繁重的徭役，人民生活于水深火热之中。

痴迷求仙，寿终归西

自古以来，所有皇帝都希望自己的江山可以永世不倒，自己可以长生不老，秦始皇也不例外。因此，他十分渴望能够找到一种仙药，使自己寿与天齐。为此，他在称帝后，常常到全国各地游走，一是为了宣扬自己的盖世伟业，二是希望见到神仙，求得长生药。

公元前210年，秦始皇又踏上了求仙之路。听说神仙住在海中的仙岛上，他便率领从属顺海岸向北而行，却没有任何收获。眼见此行无果，他便想率队返回，然而天有不测风云，走到平原津时，他突发急症。秦始皇已近弥留，众大臣却不敢询问其后事如何安排，因为秦始皇最痛恨谈论生死。不过，他也明白自己死期将至，因此命人让公子扶苏前来准备后事。不料，诏书尚未发出，他就死了。

作为中国历史上第一位皇帝，秦始皇做了一些顺应历史潮流的事情，比如灭诸侯，统一中国，统一文字、货币和度量衡等，这些不但维护了国家统一，而且促进了各民族、各地区之间的文化和经济交流。秦始皇统治时期，秦朝疆域辽阔，而且国家政权更为集中。不过，秦始皇的许多暴虐行为（如建宫殿、建陵墓、定酷刑）都让百姓困苦不堪；他还阻碍文化进步，禁锢思想，制造了臭名昭著的焚书坑儒事件。秦始皇的功过是非，我们无法简单评说。但是，作为我国历史上第一位皇帝，秦始皇的历史贡献是不容忽视的。

周纪·秦纪　　秦纪　　大丞相李斯

秦纪

大丞相李斯

在秦始皇统一六国的过程中，李斯居功至伟。其后，作为大秦帝国的丞相，李斯上书秦始皇，要求毁兵器、拆城墙，以更好地管理百姓；主张实行郡县制，抵制分封制；提议焚毁书籍，关闭私学，以此强化中央集权。可以说，李斯为巩固秦王朝的统治以及促进全国各地的经济、文化融合做出了重要贡献。只可惜他晚节不保，与奸臣同道篡国，最后惨遭灭族。

形，形成了秦朝的标准文字——小篆。李斯不仅参与统一文字，而且还亲自撰写了小篆文——《仓颉篇》，以此作为范本推行于全国。

李斯有功也有过，臭名昭著的焚书坑儒事件便是因他的建议而发生的，他之所以这样做，就是想镇压儒生，强化中央集权。客观来讲，此事在当时有一定正面作用，但从长远来看，此事对我国古代文化的发展造成了巨大打击。

元老重臣，辅佐秦皇

公元前221年，大秦帝国建立，李斯出任丞相一职。

不久，大臣王绾向秦始皇建议，由于国家领土太过广阔，朝廷难以全面顾及，所以应该效仿西周实行分封制。其他大臣都赞同，只有李斯强烈反对。李斯认为实行分封制会危害中央集权。秦始皇也认为，西周之所以灭亡就是因为实行分封制后各诸侯国不听朝廷号令，以致朝廷无法控制地方诸侯。鉴于此，秦始皇否决了分封制，将大权收归中央独自掌管。

不久，李斯上书秦始皇，建议推行郡县制。所谓郡县制，就是将全国分为郡、县、乡三级行政单位，各级单位的管辖权和官吏任免权都由皇帝亲自掌握。此外，他还建议朝廷设立三公九卿。这些措施使得诸侯国威胁中央的忧患得以彻底解决。

除此之外，李斯在统一文字、货币和度量衡等方面也做出了突出贡献。秦朝刚建立时，全国各地都有自己的文字，非常不利于交流。鉴于此，李斯建议秦始皇统一文字。随后，李斯在秦国文字的基础上，融入其他六国的文字，简化字

▶李斯像
李斯，秦朝著名的政治家、文学家和书法家。他曾师从荀子学习帝王之术，后来成了法家学说的代表人物。

周纪·秦纪　　秦纪　　大丞相李斯

勾结奸臣，扶植二世

秦始皇驾崩后，李斯立即封锁了死讯，每日照常让人为皇帝送膳。秦始皇弥留之际，曾下诏让长子扶苏继承皇位。当年，秦始皇的一些政策曾遭到好儒的扶苏的指责，秦始皇一怒之下便将其贬到上郡（今陕西榆林东南一带）监蒙恬军。

这时，宦官赵高也在行动。他是秦始皇小儿子胡亥的师父，为了让自己可以尽享荣华富贵，他决定帮助胡亥篡位。不过，如果没有李斯的帮助，胡亥是无法继承皇位的，因此他便想方设法收买李斯。一天，他问李斯道："陛下驾崩时，曾命令扶苏回京师主持丧事，不过，如今诏书尚未发出，还在公子胡亥手中，此事无人知晓。也就是说，我和胡亥便可决定应该由谁来继承皇位，你说是吗？"

"为人臣子，怎可说出如此大逆不道之言。"李斯严肃地说道。

"众所周知，扶苏为人英武，如果他继承皇位，蒙恬肯定会受到重用，甚至可能出任丞相。届时，还有你容身之地吗？如今，诏书尚在我们手里，我们若合力，必可铲除他们。"赵高继续说道。

闻此言，李斯开始动摇了。最终，为了一己之私，他决定与赵高合作，让胡亥继承皇位。公元前209年，胡亥登基了。

蒙冤遭谗，腰斩灭族

李斯深谙明哲保身之道，因此对于胡亥昏聩荒淫、败坏朝纲的行为，他都视而不见。

一天，胡亥请教李斯，问道："韩非子曾说，历史上的君主在处理政务时十分劳累，那么君主治理国家的目的就是要让自己劳累吗？实际上，他们劳累，只能表明他们愚笨。受苦的事情我不愿意做，我既想随心所欲，又想永坐龙位，丞相可有办法？"这时候，李斯之子因出兵不利被主将章邯追究责任，章邯还借此嘲笑李斯无用。李斯担心被治罪，便提出一套"督责之术"，极力逢迎秦二世。

秦二世为了满足自己的私欲，强行征发大量壮丁继续建造阿房宫。百姓生活陷于困窘，各地暴乱频发。李斯为了维护秦朝政权，建议秦二世缓建阿房宫，以平民怨。胡亥看完奏章火冒三丈，立即下令将李斯打入大牢。李斯多次上书喊冤，但是他的所有书信都被赵高压下了。不仅如此，赵高还给李斯罗织反叛的罪名，最后李斯被迫屈打成招，承认自己有反叛之意。公元前208年，李斯被腰斩，三族被灭。

李斯一生以非凡的才智和超群的远见，为大秦帝国的建立创下了不朽奇功。在大秦帝国建立后，他又采取种种措施，维护了秦王朝的统一，强化了秦王朝的政权，促进了全国各地经济和文化的交流。从这个意义上来讲，他不愧为一个杰出的政治家。但他为了一己之私残害忠良，最后却仍未能自保。他的下场，也可以说是咎由自取。

▲（秦）乐府编钟
乐府作为一种特殊的音乐机构最早始于秦朝，它是秦始皇统一六国后为搜集六国音乐和吸纳乐人而设立的。图中这种编钟镶刻金纹，是迄今保存完好的秦代乐器之一。

周纪·秦纪　　　秦纪　　　赵高乱秦

秦纪
赵高乱秦

秦始皇驾崩后，赵高将秦二世扶上帝位，随后便在朝廷里肆意妄为，专权弄事，为秦二世的暴政推波助澜，逐渐使秦王朝走上了末路。秦朝末年，赵高竟然想登基称帝，结果被乱刀砍死，实在罪有应得。

善于钻营，拥立胡亥

赵高，战国时赵国王族，出生于咸阳。秦灭赵国后，赵高父母搬到咸阳定居，其父因罪受过宫刑，他和兄弟姐妹都是母亲与他人私通所生。

秦灭六国后，将六国所有后宫女眷迁往咸阳，如此一来，后宫人数剧增。为了照顾后宫的众多嫔妃，朝廷下令征召宦官，将六国的宦官并入宫廷。赵高就是在此时进入皇宫的。

赵高善于钻营，阿谀奉承。他发现秦始皇非常注重法制，于是，便利用一切时间研究法令，以期赢得秦始皇的青睐。很快，他便精通了法令。不久，秦始皇听说他既有才能又精通法令，就升他为中车府令，让他负责掌管皇帝车马。

始皇少子胡亥很受秦始皇喜爱，于是赵高就千方百计地迎合胡亥，胡亥很快便对赵高非常信任。就在此时，秦始皇又让赵高教授胡亥如何断案。就这样，赵高每天和胡亥住在一处，并对其关怀备至，使得秦始皇和胡亥都对他信任有加。

秦始皇每次外出巡游时，赵高都会为其准备一支规模巨大的车队，同时下令所到之处务必献上当地珍宝，以此来讨好秦始皇。当然，赵高也会趁机中饱私囊。

公元前210年，秦始皇病死在出巡途中。当时，秦始皇身边只有李斯、赵高以及胡亥等人。秦始皇下诏准备让长子扶苏主持丧事，但是赵高却逼死扶苏，拥立胡亥继承了皇位。

残酷无情，杀害忠良

胡亥登基后，担心朝臣和其他皇子怀疑其登基的合法性，便与赵高决定诛杀朝臣和众皇子。

秦始皇生前对蒙恬和蒙毅十分器重。蒙氏兄弟曾为秦王朝立下了汗马功劳，位高权重。赵高对其十分嫉恨，于是他常在二世面前诋毁蒙氏兄弟。昏庸的二世在赵高的鼓动下，将蒙氏兄弟逼死。此后，赵高还不断排挤朝廷中正直的大臣，然后任命自己的亲信为官。

赵高想独自控制秦二世，便设法防止二世接触其他朝臣，他欺骗胡亥道："皇帝之贵，就在于

◀赵高指鹿为马
赵高为了试探群臣对他篡权的态度，导演了历史上有名的"指鹿为马"的丑剧。后来这个成语被用来比喻颠倒黑白、混淆是非。

周纪·秦纪　　秦纪　　赵高乱秦

▲（秦）彩绘铜车马
出土于陕西临潼秦始皇陵西侧，铜马车的大小为真车的二分之一。虽然深埋在地下已两千多年，但马车的各转动部分仍然很灵活，为人们研究秦朝马车提供了宝贵的实物证据。

有威仪，让人们无法见其行、闻其声。如今，皇上太过年轻，一旦在群臣面前露出缺点，将会招致天下人嘲笑。所以，我建议皇上只在宫里治政，凡事由下臣负责处理。如果这样的话，天下人都会颂扬陛下的圣明。"胡亥听后大喜，便将朝政大权交给赵高，他则身居内宫，不理朝政。从此，赵高彻底控制了朝廷。

权力越大，野心也越大。赵高此时已经不满足于一般官职，他希望自己能够当丞相。为此，他将丞相李斯诬陷致死，并灭其三族。

指鹿为马，篡权被诛

李斯死后，赵高便出任丞相，所有国事都由他处理。此时，全国各地已经爆发了很多次起义。

就在国家危亡之际，作为朝廷重臣，赵高不去想挽救政权，却想趁机登基称帝。为了试探一下朝臣的态度，他导演了一场臭名昭著的指鹿为马的闹剧。

一日，赵高拉来一只鹿，当着众大臣的面对胡亥说："陛下收下这匹好马吧！"胡亥笑道："丞相是否搞错了？你拉来的是一只鹿，哪里是马？"赵高并不理会皇帝的话，仔细观察周围人的反应，有人跟着赵高随声附和，有人却说真话指出是鹿非马。后来，说真话的朝臣陆续都被赵高设计杀害了。

看到众多起义军向京师杀来，胡亥才猛然醒悟过来，原来赵高说的天下太平竟是谎言，于是言谈之中对赵高很是不满。赵高发现胡亥怀疑自己后，害怕其追究责任，便派亲信闯进胡亥的宫里，逼死了胡亥。

胡亥死后，赵高欣喜若狂，大步走上朝堂，准备登基。但是文武百官皆低头不从，赵高只得临时改变主意，让扶苏的长子子婴继承皇位。子婴明白自己不过是一个傀儡，不愿重蹈胡亥的覆辙，便与属下商定计划，准备斩杀赵高。当赵高应约到子婴处时，子婴便让事先埋伏好的刀斧手将赵高砍死，随后，将其三族夷灭。

秦朝灭亡的责任并非都在赵高身上，但他残害忠良、排除异己的行为，确实加速了秦王朝的覆灭。

| 周纪·秦纪 | 秦纪 | 战神蒙恬 |

秦纪

战神蒙恬

蒙恬、蒙毅兄弟出身名门，蒙恬在外带兵，蒙毅在内辅政，他们深受秦始皇的信任。当时的其他将领也都对二人十分敬畏。后来，蒙恬出兵匈奴，扬名边关，并监修长城，青史留名。他军事才干超群，对于秦王朝统治的巩固，蒙恬可谓居功至伟。

抗击匈奴，威震边关

蒙恬，祖居齐国，其上三世均是秦国名将。蒙恬小时候就很喜欢学习法律，长大后还做过审理案件的文书官。在秦帝国的建立过程中，其祖父蒙骜、父亲蒙武皆为秦国东征西战，攻城拔寨。正是因为蒙氏一族为秦王朝开疆辟土，劳苦功高，所以，秦始皇十分器重蒙氏后人。

公元前221年，蒙恬被秦始皇封为将军，后来又因为破齐立功升任内史，此时蒙毅担任上卿之职。他们兄弟二人很受秦始皇信任。

战国末期，北方匈奴人趁中原战乱，经常突袭北方各地。就在秦王朝刚刚统一中原的时候，匈奴大军也趁机渡过黄河，占据了河套平原的大片领土，从而对秦王朝的都城咸阳造成了威胁。

公元前215年，嬴政派蒙恬率三十万大军出征匈奴。由于他谋略得当，做到了知己知彼，并率军勇猛冲杀，因此首次出兵便击退了匈奴军队。

次年春，蒙恬发动了具有决定性的战役。此战中，秦朝大军和匈奴大军进行了殊死搏杀，结果匈奴军大败而退。蒙恬率军随后进击，一直将匈奴的残兵败将追到千里之外。经此一役，蒙恬收复河南地（今内蒙古河套南鄂尔多斯一带），自榆中（今内蒙古伊金霍洛旗以北）至阴山，设三十四县，并迁徙内地人民充实边县。

此战后，秦王朝内外皆平，而秦军之威也传遍了长城内外。在北征匈奴的十年时间里，蒙恬逐渐成为秦王朝的护国大将。

镇守边陲，功劳卓著

匈奴兵败后，蒙恬率军继续驻扎在边疆，以防备匈奴的突袭。匈奴是游牧民族，他们逐草而居，战时作战，闲时放牧。他们会突然成军，又会突然消散为民。鉴于此，秦军若贸然出兵，匈奴人定会绕道而行，去别处抢掠一番，也可能绕到背后攻击秦军。秦军远征在外，如果经

▲蒙恬像

常无法找到敌军，必然会被拖垮。于是，蒙恬建议秦始皇修建长城，以此来防备匈奴大军的突然袭击。

为了修建长城，蒙恬调动了数十万士兵和无数壮丁。他们先将战国时秦国、赵国、燕国的长城连接起来，然后加以修固。在付出惨重代价后，终于建起了东起辽东（今辽宁一带）、西至临洮（今甘肃临洮）的万里长城。有了长城，匈奴大军的南进计划受到了遏制。不久，朝廷又在河套地区划分行政区域，设置行政机构，统一由九原郡管辖。

公元前211年，为了在兆河、榆中地区发展经济，同时也为了加强边防军力，蒙恬将三万多名罪犯迁到此地。

为了改善九原的交通状况，连通京师咸阳和九原郡，蒙恬又调派军队修建了四通八达的道路。这些措施既促进了边疆各民族之间的文化交流和经济交流，又使官军的后勤得到保障，因此战略意义十分重大。

蒙恬驻守九原郡十余年，秦国北部疆域实现了基本的安定。由于安疆有道，秦始皇对他十分赞赏。

奸臣专权，含冤而亡

秦始皇驾崩后，赵高拥立胡亥继承了皇位。以前，蒙恬之弟蒙毅曾依法处置过赵高，赵高为此心存怨恨，于是矫诏以不忠之名赐扶苏、蒙恬死，结果扶苏自杀。蒙恬疑诏书有诈，不肯就范，被囚禁于阳周。胡亥本想释放蒙恬，但赵高与蒙毅有私怨，又担心蒙氏兄弟复出不利于自己，便罗织罪名，加以陷害，说蒙毅曾对先皇说过胡亥的坏话。因此，胡亥大怒之下决定处死蒙毅，还派人迫使蒙恬服毒自杀。

▲（秦）金骆驼
出土于新疆乌鲁木齐阿拉沟古墓，造型精美，做工精致。

蒙恬悲愤地说："我手中有三十万大军，虽然身遭囚禁，可仍足以谋反。但我宁死也不谋反，不然我无颜面对先人。自祖父起，我蒙氏对君王忠心无二，如今我竟无辜被陷害，难道是做过愧对上天之事吗？"低头沉思片刻后，他又无奈地自言自语道："我的确罪过不轻，修建临洮到辽东的长城时，挖沟渠一万多里，可能将地脉破坏了，这也许就是我的罪过吧！"说完便服毒而亡。

蒙恬的死讯很快便传到了军中，众兵将痛哭不已。随后，他们以战袍兜土，安葬蒙恬，由于兵将众多，人人兜土，因此蒙恬的坟墓高大如山丘。

蒙恬之死，直接瓦解了秦朝大军的军心，也拉开了秦王朝灭亡的序幕。可见，作为秦朝的护国良将，蒙恬的影响之大。

司马迁在《史记·蒙恬列传》中，说蒙恬居高位，却对秦始皇大兴土木未加劝谏；不懂国家初建，需休养生息，反而滥用人力修筑长城，这些都是他身上的污点。但在那个时代，君权至上，君命不可违，而作为忠臣，又必然会遵循此规。所以，不可否认的是，蒙恬确是一代良将、忠臣。

周纪·秦纪　　秦纪　　昏君秦二世

秦纪
昏君秦二世

秦朝只经历了两代，秦始皇是开国之君，秦二世是亡国之君。秦二世本就荒淫昏聩，再加上奸臣赵高的教唆鼓动，统治手段的残酷比其父更甚。他不仅残忍屠戮朝中大臣，还残杀自己的兄弟姐妹。二世在位期间，大秦帝国朝纲败坏，民不聊生。

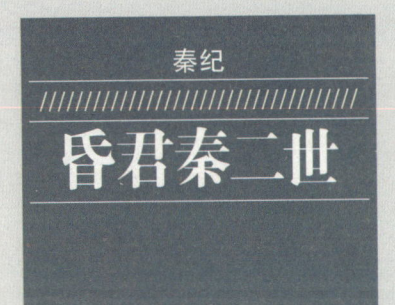

残暴不仁，荒淫无道

公元前210年，经过赵高和李斯的筹划，胡亥趁秦始皇驾崩之际，矫诏赐死兄长扶苏，继位为帝。此后，他便开始胡作非为。

秦始皇在位期间，颁布了非常严酷的法令。其中最为残忍的一条就是：一人犯法，罪及三族；一家犯法，邻里连坐。胡亥在制定法令上有过之而无不及，他制定了更为残忍、荒谬的法令——以官员收税和杀人的数量作为评定忠臣的标准。这直接导致各级官员滥抢民财、滥杀百姓，使百姓苦不堪言。

胡亥一心寻欢作乐，养了许多珍禽异兽供自己玩赏。为了保证众多珍禽异兽的食物供给，他竟然让全国各地的官员向咸阳供应粮草，而且禁止运粮草的人在路上吃所运的粮食。

胡亥将秦始皇葬于秦始皇陵后，下令将宫中所有没有生子的妃子活埋，为其父陪葬。残杀了众多嫔妃后，胡亥又将数以万计的修建秦始皇陵的工匠活埋在陵墓里，因为他担心陵墓的信息日后被工匠泄露。

诛杀手足，残害忠良

胡亥害怕诸公子与他争帝位，再加上赵高的怂恿，他决定一不做二不休，残杀众公子。很快，胡亥众兄弟中的十二个就惨遭毒手。

随后，在赵高的诬陷下，胡亥在杜邮又杀了六个兄弟和十个姐妹，刑场惨不忍睹。将闾等三人也是胡亥的兄弟，这三人比其他兄弟都沉稳，胡亥实在找不出什么罪名，只好先将他们关在宫内。最后，胡亥逼他们服毒而死。

在胡亥的所有兄弟中，只有公子高没有被诛杀全家。在胡亥开始屠杀兄弟姐妹时，公子高就知道自己也不会幸免。为了保全自己全家老小，公子高上书胡亥要求为父皇殉葬。胡亥一看非常高兴，于是就免了他全家的死罪，并赐钱十万厚葬公子高。

秦始皇的子女都被杀完了，胡亥又开始借故制造冤狱，残杀忠臣。赵高想起蒙毅曾经判过自己死刑，再加上他担心手握重兵、功高盖世的蒙恬对自己构成威胁，于是想尽办法诬陷蒙氏兄弟。而偏听偏信的昏君秦二世竟然先派人逼蒙毅自尽，然后又派人逼蒙恬自杀。

◀（秦）云纹高足玉杯
高14.5厘米，青色，杯身呈直口筒状，上层饰柿蒂、流云纹，中层勾连卷云纹，下饰流云、如意纹，足似豆形，刻有丝束样花纹。

▶▶ 周纪·秦纪 ▶▶ 秦纪 ▶▶ 昏君秦二世

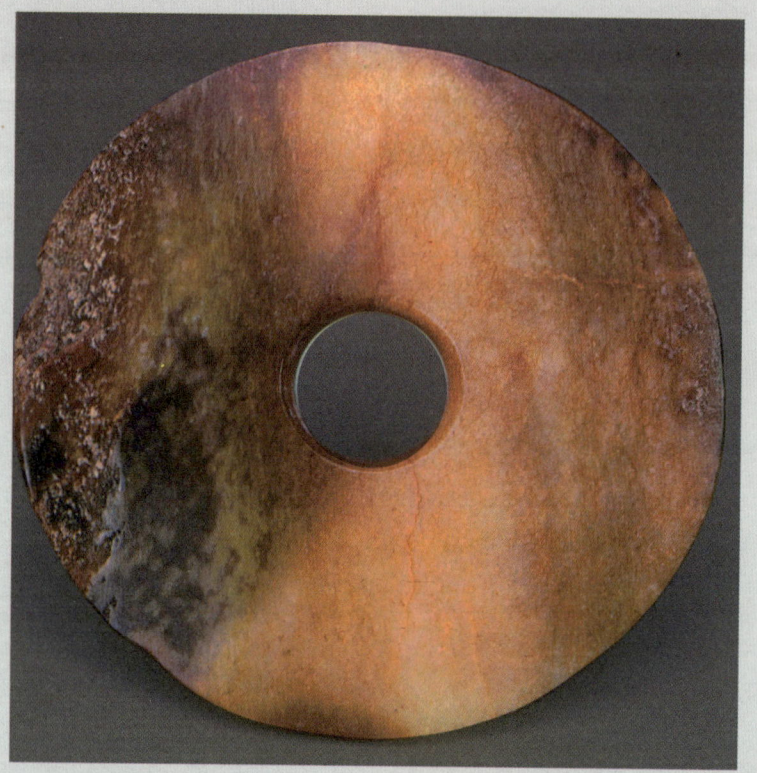

▲（秦）玉璧
图中的秦璧原是青玉色，因受沁后才变成了赤红色。

见胡亥大开杀戒，大臣冯去疾和将军冯劫为免遭羞辱，也选择了自尽。此后，赵高把自己的亲信一个个都安插进朝廷，其弟和女婿都摇身一变，成了朝廷重臣。

处理完当朝大臣后，地方官员又成了二世迫害的目标。公元前209年，二世出巡全国各地。途中，赵高建议他趁机树立自己的威信，将那些不听话的官吏全部诛杀。胡亥听了他的话，一路下来，杀了不少地方官吏，以至许多地方都没人敢当官了。

不久，在赵高的陷害下，秦朝重臣李斯也被二世残杀。至此，秦朝的忠臣良将几乎全部惨死，而朝廷则完全被奸臣所控制。大秦帝国开始分崩离析。

走投无路，被逼身亡

将忠良诛杀殆尽后，二世便终日深居后宫，寻欢作乐。于是，赵高便趁机独揽朝政大权。胡亥一直都不了解天下的真实情况，等到陈胜的军队逼近了咸阳，胡亥才着了急，听从了章邯的建议，让他率领骊山刑徒出战迎敌。后来，章邯兵败，投降项羽。失去了章邯的秦朝根本不堪一击，危在旦夕。

眼见亡国在即，胡亥才明白过来，所谓天下太平，只是赵高编造的谎言。秦二世开始埋怨赵高，屡次派使者责备他。赵高见胡亥已有不信任自己的迹象，便准备对胡亥下手。

不久，赵高假称有盗贼进宫，须派人进宫捕捉，趁机派了自己的亲信前去刺杀秦二世。二世哀求杀手道："我能见见丞相吗？"杀手没有同意。胡亥又说："我只求做一个郡王。"杀手还是说不行。胡亥又说："那让我做一个万户侯吧。"杀手依然说不行。胡亥无奈地说："做普通百姓总可以吧？"杀手还是拒绝了。最后，年仅二十四岁的二世被逼自杀了。

秦朝统一天下之初，秦始皇曾意气风发地诏告群臣："朕为始皇帝，后世以计数，二世三世至于万世，传之无穷！"不料，他预想的万世基业在二世手中便结束了。至于胡亥的结局，只能说是咎由自取，用司马相如的话说就是："持身不谨兮，亡国失势；信谗不寤兮，宗庙灭绝。"

周纪·秦纪　　秦纪　　大泽乡起义

秦纪
大泽乡起义

秦始皇和秦二世统治期间，不顾百姓死活，穷奢极欲，滥用民力，大兴土木，使百姓生活于水深火热之中。公元前209年，陈胜、吴广率先在大泽乡发动起义，"斩木为兵，揭竿为旗"，誓要推翻暴秦。在他们的推动下，起义烽火很快便烧遍了秦朝大地，反秦大起义如火如荼地开展起来了。

朝廷征夫，陈胜揭竿

秦朝统一天下后，秦始皇及秦二世不断地征用徭役和劳役，修建骊山陵墓、长城、阿房宫，并对南越用兵。这些行为耗费了大量人力和财力，使百姓的负担日益沉重。

公元前209年，秦二世命令阳城官员派两名军官押送九百多人到渔阳去戍边。押送官为了便于管理，从这些民夫中挑了两个人，让他们去管理这九百多人。其中一个是以打长工为生的阳城人陈胜，另一个是阳夏农民吴广。

陈胜自幼家境贫寒，但素有大志。由于自小就给地主做长工，深受压迫和剥削之苦，他心里逐渐产生了反抗压迫、改变现实的思想，立志要干一番大事业。一次劳动时，他对其他长工说："苟富贵，勿相忘。"伙伴们觉得好笑，便问道："你是一个为地主耕地的人，怎么可能富贵呢？"陈胜叹息道："嗟乎，燕雀安知鸿鹄之志哉！"这句话表明了他非凡的志向。

陈胜起初并不认识吴广，被征召为民夫后他们才相识。为了按时赶往渔阳，他们带领民夫们日夜赶路。当时正是雨季，雨水非常多，他们走到大泽乡时，天降大雨，无法继续走路。无奈之下，他们只好就地休息。

但是，如果不能准时赶到渔阳，按照当时法律他们是要被处死的。面对这种处境，陈胜和吴广商量："从这里到渔阳，有三千里之遥，在规定的期限内是无论如何也赶不到的。即使去了，我们也是送死！"

"那我们干脆跑吧。"吴广建议道。

"去也是送死，逃亡被抓回来也是死，既然横竖都是死，还不如选择反抗而死！如今，秦朝暴政已经引起了天下人的不满。二世乃是篡位之主，始皇帝长子扶苏以及楚国大将项燕都颇有威名，如果咱们借其名义召令天下人反秦，必可成事。"陈胜自信地对吴广说。

吴广觉得陈胜言之有理，便同意了他的计划。

号召民众，反抗暴秦

为了尽可能号召更多民众，陈胜和吴广便利用鬼神迷信来达到目的。一天，他们用朱砂在一块绸帕上写了"陈胜王"三个字，然后把绸帕塞到渔民捕来的鱼的肚子里。士兵们买鱼回来吃，发现了鱼腹中的绸帕上的三个大字，都觉得不可思议。不久，夜里，半空中还经常会回荡着"大楚兴，陈胜王"的呼喊声。士兵们吓坏了，鬼神的预言震慑住了他们，他们开始相信陈胜就是未来的王。

接下来，陈胜决定先除掉这支队伍的两名军官。他让吴广故意对喝醉的军官说要逃跑。军官大怒，当众鞭打吴广，并举剑要杀他，吴广趁机夺剑，回身杀掉军官。陈胜就势带领愤怒的民夫杀死了另一个军官。

随后，陈胜召集其他民夫，大声说："我们已

少年读全景
资治通鉴故事 1

▶▶ 周纪·秦纪　　▶▶ 秦纪　　▶▶ 大泽乡起义

经耽误了行程，按照法律会被斩首。即使不被斩首，去北方打仗也是九死一生。反正去与不去都是死，不如就此起事。壮士不死便罢，死就要死得轰轰烈烈！王侯将相难道是天生的贵种吗？"众人齐声赞同。

接着，陈胜筑坛盟誓，打起公子扶苏的旗号，举兵反秦，号称大楚。陈胜号令大家万众一心推翻暴秦。一开始没有武器，他们就将木棒作为武器。陈胜自立为将军，以吴广为都尉，两人率军一举攻下了大泽乡。

转战南北，最终兵败

陈胜、吴广起义后，很快得到了附近饱受苦难的老百姓的积极响应，他们纷纷为义军送粮食，并带着工具加入起义队伍。在陈胜、吴广的率领下，义军从大泽乡出发后又攻下了蕲县。随后，陈胜又派兵连克五县，很快把起义的火种带到了中原大地。

▲（秦）青铜弩机构件
弩机是用来发射箭矢的机械装置，可以将箭矢射得更远。从秦朝开始，弩机被广泛地运用于军事战斗中。

义军打进陈县时，军队已经拥有战车六七百辆，骑兵千余人，步兵数万人。当地的豪杰和名士纷纷劝说陈胜拥立六国后人为王，以此来巩固战果，但被陈胜断然拒绝了。随后，义军建立了张楚政权，陈胜自立为王。起义军乘胜前进，分三路攻秦：吴广西击荥阳，武臣北进赵地，周文进攻关中。

百姓正因朝廷压榨困苦不堪，陈胜起义的消息传来，各地百姓纷纷攻击官府，斩杀贪官污吏，以此来响应义军。

周文以前是战国末年楚国著名将领项燕的部将，军事才能非常出众。他率领军队一路过关斩将，其军队很快便拥有车千乘、士兵几十万，不久便进抵今陕西临潼境内，逼近咸阳。

少年读全景
资治通鉴故事 1

▶ 周纪·秦纪　▶▶ 秦纪　▶▶ 大泽乡起义

秦二世见起义军打到都城附近，十分惊慌，急忙派章邯率领几十万在骊山修墓的刑徒迎击起义军。周文率领的农民军虽然英勇作战，但因为孤军深入，加上缺乏训练，没有多少作战经验，所以连吃败仗。最后，周文兵败自刎。

吴广带领的义军迟迟攻不下荥阳。此时，义军将领田臧又与吴广在军事部署上发生分歧，最后竟然杀害了吴广。吴广死后，军心涣散。章邯率军攻来，田臧兵败被杀。

接着，章邯率军向陈县扑来，陈胜亲自率领义军奋力抵抗，但因为兵力太少，不幸失利，败退至下城父，被车夫庄贾暗杀，庄贾后来投降秦军。闻听此信，陈胜的部将吕臣率领苍头军反攻陈县，处决了叛徒庄贾。但此后陈县又被秦军占领。轰轰烈烈的大泽乡起义失败了。

大泽乡起义沉重地打击了秦王朝，开辟了中国古代农民反抗封建统治的道路。虽然陈胜和吴广最终失败了，但作为中国历史上第一次大规模农民起义的领导者，他们在中国农民战争史上占有重要地位。

▶篝火狐鸣
陈胜和吴广在发动起义前，用竹笼罩火装成鬼火，并在半夜学狐狸叫，大喊"陈胜王"，实际上是想假借鬼神的名义号召众戍卒一同起事。

刘邦沛县起兵

在大泽乡起义的推动下,农民起义的烽火很快烧遍了秦王朝的各个地区。义军不断攻城拔寨,建立政权,使秦王朝的统治日益瓦解。在这种情况下,沛县的刘邦也起兵抗秦,从而开始了其反秦称霸的人生历程。

志向高远,沛县豪杰

刘邦,字季,秦朝沛县丰邑中阳里人。刘邦为人豁达大度,厌恶读书,虽然爱说大话,但乐于助人。不过,刘邦不愿做农民,所以常被父亲责骂,说他不如兄长会劳动,但刘邦毫不理会。后来,他做了泗水的亭长,由于为人豪爽,在当地人人知其大名。

刘邦素有大志。有一次,他在路上遇到了秦始皇率领大队人马出巡。看到秦始皇坐在豪华的车上,他心里十分向往,便自言自语道:"做人就应该像这样啊!"

刘邦之妻是吕公的女儿吕氏,名叫吕雉。吕公和家乡的人结下冤仇后来到了沛县定居,他和沛县县令十分交好。

吕公刚到沛县时,很多人登门拜访。刘邦也去了,主持接待的是县吏萧何,他规定礼钱不到一千钱的人到堂下就座。刘邦虽然分文未带,却说:"我出贺钱一万!"吕公听说了,赶忙出来迎接。他一见刘邦就非常喜欢,经过一番交谈后,更是非常看好刘邦的前途,便决定将自己的女儿嫁给他。刘邦马上应承了下来。

吕雉得知此事后,十分生气,对吕公哭诉道:"你说女儿将来一定可以嫁入豪门,就是沛县县令都没有资格娶。我本以为你会为女儿找一个贵族,谁知你竟然将女儿嫁给一个无财无势、只会吹牛的人!"但吕公心意已决,吕雉也无可奈何。

不久,刘邦被派去押送犯人,这些犯人是被强迫去骊山服役的,知道到了骊山肯定难逃一死,因此都想趁机逃跑。刘邦也没办法制止,后来干脆将所有犯人都放了,让他们赶紧逃命。有些人不愿离开,表示要跟着他,与他同舟共济。于是,刘邦便带领他们当起了草寇,四处流亡。

据说有一次,他们转战别处时,被一条大蛇拦住了去路,众人都不敢前进,刘邦怒骂道:"我们经历过千难万险,还怕这种东西!"他边说边抽出剑斩杀

◀睡虎地秦墓竹简
1975年底,湖北云梦睡虎地秦墓出土了一千一百余枚秦代竹简。这些竹简上共记载了六百条秦代施行的法律,是我国迄今为止发现的最早、最丰富的法律文书。

| 周纪·秦纪 | 秦纪 | 刘邦沛县起兵 |

了蛇。接着，他们继续前行。走了一段路，刘邦突然感到头晕难耐，于是就地躺倒休息。过了一会儿，队伍后边的人过来对刘邦说，看到路边有个痛哭的老婆婆说她的儿子被人杀了，问她原因，她说其子是白帝之子，刚变成蛇便被赤帝之子杀害。他们本以为老婆婆是胡言乱语，谁知她说完后竟突然消失了。听了这些，刘邦欣喜不已，由此也更加相信自己确非凡人。许多人闻听他是赤帝之子，便纷纷前来归附。自此，刘邦之名传遍了沛县各地。

趁势起兵，举旗反秦

陈胜、吴广起义爆发后，各地百姓纷纷斩杀官吏，响应起义。沛县县令也想起事，以便继续掌握沛县政权，但他手下的萧何和曹参反对由他带头起义，因为他们觉得县令的威望不够，到时响应者必然少。因此，他们建议拥立当时已经颇有威名的刘邦为首领，以此来号召更多的人加入他们的队伍。

于是，县令马上派人召唤刘邦。但是不久，县令又担心刘邦威胁到自己的权力，命人将城门关闭，拒迎刘邦。不仅如此，他还迁怒于萧何和曹参，准备捕杀他们。得到密报后，二人立即潜出沛县，随后找到刘邦，叙述了事情的经过。

刘邦听后火冒三丈，马上修书一封送到沛县城中。在信中，刘邦尽数县令种种恶行，最后号召人们斩杀县令，开城门放他们进去。沛县百姓早就听说过关于刘邦的神奇故事，对他非常敬仰，加上人们本来就对平时不太体恤他们的县令很不满，于是杀了县令后开城门迎接刘邦。

接着，众人又准备推举刘邦为沛公，领导大家起义。刘邦推辞说："我何德何能，根本无力担此重任。沛县英雄豪杰应有尽有，希望大家重新

▲带流陶壶
鼓腹，口圆，颈长，一侧有耳，一侧带流。

找一个人来当此重任。"但是，所有人都说他是赤帝之子，此番领导起义，乃是天意。刘邦见众人确实是真心推举自己，便当仁不让地坐上沛公之位，领导百姓祭旗反秦。

也许刘邦起义之初确实未曾想到自己将来会登基称帝。不过，当他走出第一步时，便已经身不由己地卷入了群雄争霸的洪流。

秦纪
项氏揭竿反秦

项梁和项羽是楚国贵族后代，出身高贵，再兼人脉较广，因此吴中百姓对他们颇为敬仰，凡是当地发生重大事件，通常都要请他们出面协调。大泽乡起义爆发后，项梁也顺势以复国为名发动起义，实力日渐强大。陈胜死后，项梁便将所有义军联合起来抗秦，沉重地打击了秦王朝的统治。

陈胜领导的农民大起义爆发后，各地纷纷起兵响应，项梁、项羽杀死会稽郡郡守殷通后，也召集江南八千子弟兵发动起义，以配合陈胜。

楚国贵族，趁势举兵

公元前209年，陈胜发动了大泽乡起义，由此点燃了推翻暴秦的导火索。不久，项氏后人项梁和项羽也举起了反秦的大旗。

项梁是项羽的叔叔。项羽自幼父母双亡，一直和叔叔生活。项羽身长八尺有余，力能扛鼎，但从小不喜欢读书。于是，项梁便让其学习剑术，学了一段时间后，项羽又没有兴趣了。项梁大发脾气，说他学什么都学不成，将来一定没出息。不料，项羽却自信地说："读书只要会写自己的姓名就可以了，而剑术即使学得再好，那也只能对付几个人。我要学就学那能敌万人的本领。"项梁听到此言，便开始教他兵法。

后来项梁因故杀了人，为了躲避官府的缉拿，便带着项羽逃到江南隐居起来。由于他既有文才，又有武功，所以当地年轻人都愿意结交他。无事可做时，项梁便教这些人武术和兵法。

秦始皇巡游会稽时，项羽和项梁也站在旁边观看。项羽看着威风八面的秦始皇，非常自信地用手指着秦始皇说："彼可取而代也。"项梁连忙捂住他的嘴说："快别胡说，要灭族的。"但心中却暗暗称奇，觉得项羽不同凡响。

横渡长江，向北进军

公元前208年，陈胜部将召平率义军攻击东海郡的秦军。他率义军猛攻广陵，却迟迟攻不下来。正在此时，陈胜被杀的消息传来，于是他马上撤兵，横渡长江，前往项梁营地。到达项梁军营后，召平以陈胜之名封项梁为楚国上柱国，让他马上率军渡江抗击秦军。项梁起兵后，已经将江东收复。如今召平让他率军进击秦军，正中下怀，稍事休整后，他和项羽便率领江东八千子弟兵渡江抗秦。

项梁和项羽本是楚国名门望族之后，在楚地影响力极大，如今以陈胜之名前去抗秦，更是顺畅——一到楚国旧地，陈婴便首先率领自己的部队归附，不久当地许多反秦军队也纷纷前来归附。项梁的兵力猛增至六七万人。到这时，未来所向披靡的楚军主力已基本形成。更为重要的是，那些日后名声显赫的谋臣猛将也都在此时加入了楚军，如谋士范增、骁勇善战的名将钟离眛、一代名将韩信以及张楚政权的吕臣等人。与此同时，淮南地区的英布、蒲将军也率领人马前来归附。

重新整编队伍后，各路义军开始合作，继续攻击秦朝军队。最先报捷的是项梁义军，他们先在东阿大败章邯，后又在濮阳再次大败章邯。接着，项羽率军又攻克了山东和河南的一些地方。

此时陈胜已死，项梁便在薛城召开会议，希望可以重新选出一个领导人。军师范增对项梁说："陈胜兵败，必有缘由。六国之亡，楚国乃是

少年读全景
资治通鉴故事 1

▶▶ 周纪·秦纪　　▶▶ 秦纪　　▶▶ 项氏揭竿反秦

▲彩绘猪形漆盒
长43厘米，宽15厘米，高20厘米，由整木雕成，盖与器身可以自由扣合，器身纹样带有铜器风格，器物造型仍显稚拙，憨态可掬。

无辜遭难。楚怀王被骗到秦国，最终客死他乡，楚国人对此十分在意。有人曾说'楚虽三户，必亡秦'，陈胜虽然首举义旗，但他自立为王，因此号召力比较弱。如今，项将军起兵江南，许多楚国的义军都纷纷归附将军，只是因为将军的先人乃是楚国大将，但他们肯定希望将军可以拥立楚王的后代为王，进而复建楚国。"

项梁也有此想法，便准备拥立楚怀王的后代，于是派人四处打探楚怀王的子孙的去处。最后找到了在民间生活的楚怀王之孙熊心，随后项梁便会同其他义军将领拥立熊心为王，亦称楚怀王。自此以后，楚地参加义军的人数日渐增多。看到项梁拥立楚怀王之后，其他五国国君的后代也纷纷复国。接着，项梁又多次击败大将章邯率领的秦军。最后，他率兵攻入了定陶，又派刘邦和项羽带领军队攻打秦军。

项梁自从渡江以来，连战连捷，但是在胜利面前，他渐渐滋长了骄傲情绪和轻敌思想。在项梁缺乏戒备的情况下，章邯趁雨夜偷袭定陶，击败项梁军队并杀了项梁。

虽然腐朽的秦王朝并不是项梁直接率军推翻的，但是各路义军在他的组织下才实力大增。因此可以说，项梁为推翻秦王朝做出了巨大贡献。

一二五

周纪·秦纪　秦纪　秦末大将章邯

秦纪
秦末大将章邯

秦末农民起义轰轰烈烈开展起来后，秦朝名将章邯成了镇压农民起义军的急先锋。章邯的军事才能非常出众，谋略过人，曾多次击败义军的进攻。正是因为他，秦王朝灭亡的脚步才减缓了。但是，秦朝的腐朽统治已经走到了尽头，无论章邯如何英勇，都无力回天。

义军蜂起，率军镇压

章邯，秦朝末年名将，担任过少府之职。

公元前209年，秦二世眼见陈胜部将周文领导的义军逼近都城咸阳，于是命章邯为帅，带领骊山修墓的刑徒阻击起义军。

在此后的数次战役中，章邯都率部取得了胜利。可以说他的胜利减缓了秦朝灭亡的脚步。

章邯消灭张楚政权后，挥师北上，将进攻的目标锁定为魏国。章邯击魏，事先已经有计划。经过激烈的战斗，魏军彻底失败。魏王魏咎知道城必破，便投降了秦军。一切谈妥后，魏咎自焚而亡。那个时代，军队一旦攻破坚守不降的城池，通常都会屠杀全城百姓。魏咎投降秦军，是为了保全全城百姓的性命，堪称仁义；投降后，他又放火自焚而不愿苟活，保持了一国之主的尊严，堪称壮烈。

灭亡魏国后，章邯继续发兵攻打齐国。此时，齐王田儋已死，田儋之弟田荣继位。面对章邯大军咄咄逼人之势，田荣率部后撤。为了能够顺势剿灭齐国，章邯率军急追田荣，追到东阿时，终于追上了。

项梁听闻田荣陷入章邯大军的包围中，非常焦急，便率军北上救援田荣，在东阿大败章邯军。章邯率军撤往濮阳，项梁紧追不舍，追到濮阳后，再次击败章邯军。此时章邯军一分为二，其中一部撤入城阳，另一部则在章邯的带领下撤入濮阳。

濮阳是军事重镇，紧靠黄河渡口。章邯在濮阳筑护城壕，引黄河水，准备坚守此城。他的目的很明确，就是要控制后勤通道——黄河渡口，然后寻机再战。

▶（秦）胡服兵俑
这是一具出土于秦始皇陵二号坑的武士俑。这个兵俑身上所穿的铠甲具有胡服的特点，因此一些学者认为这代表的是当时少数民族的武士形象。

周纪·秦纪　　秦纪　　秦末大将章邯

败于义军，归附霸王

秦军自出函谷关后，一路势如破竹，未遇强敌，鲜有败绩，但是在东阿城下，却被打得大败而逃，到了濮阳，竟然又被击败。章邯被围困于此，心里甚是难受。

秦二世看到章邯屡败，便派人前来问罪。章邯担心赵高在朝内诬陷自己，便派长史司马欣秘密前往朝廷面见赵高。但是，赵高拒不接见。司马欣明白赵高已经对主帅有意见，急忙赶回军中。他深知危险重重，因而没有走原路。就在他走后，赵高果然派人前去截他，但没有找到他。

司马欣到了军中，对章邯说："赵高在朝廷肆意妄为，下面的人无法成事。如果我们屡打胜仗，赵高必定嫉妒；仗打不赢，又免不了被处死。希望将军深思。"就在这时，赵军将领陈余来信道："白起是秦国名将，为秦国攻城略地，功勋卓著，最后竟然被赐死。蒙恬击败匈奴，开疆辟土，最终也被逼死。为什么呢？只因他们功劳太高，朝廷不能按功行封，只得害死他们。现在全国各地都有起义军，你能够将他们全部剿灭吗？赵高为陛下所宠幸，如今天下到处都是义军，他为了推脱责任，肯定要通过陷害杀死将军来推卸责任，躲避祸患。何况你常年在外带兵，朝中大臣很多与你关系不佳，你现在的处境是，不管打胜打败，都难逃死罪。再说，秦朝气数已尽，没有人能够挽救。现在，朝内怀疑将军，朝外又处境险恶，实在可悲呀！如今之计，将军只有与义军议和，倒戈反秦称王，才是最佳出路。反秦称王还是被害而死，将军慎重选择！"章邯看信后，认为自己的处境确实如此，便决定与项羽议和，但双方第一次没谈妥。

随后，秦军被项羽军队击败，章邯再遣使议和。项羽因军中粮草日渐短缺，召集各路将领集会，准备和章邯议和。于是，项羽与章邯及其部下会师于洹水南岸，筑坛结盟。章邯面见项羽时失声痛哭，讲述了被赵高逼迫的无奈。项羽立章邯为雍王，将他安置在楚军营中。

公元前205年，章邯被刘邦击败，被围困于废丘城。不久，韩信用计水淹城池，城破后，章邯拔剑自刎。

正所谓乱世出英雄，章邯即是乱世中的英雄。他曾默默无名，但在秦末农民起义爆发后，他以非凡的军事才能显耀于朝廷。他一生中最为辉煌的功绩，就是多次为暴秦镇压住义军。作为军事统帅，他确实非常杰出。

▲（秦）半两钱
半两钱始铸于战国晚期的秦国。秦始皇统一天下后，将半两钱定为国家唯一的法定货币。"秦半两"青铜币的造型为圆形方孔，中间的方孔代表"地方"，外面的圆圈代表"天圆"，圆形方孔象征着古代天圆地方的宇宙观。

周纪·秦纪 / 秦纪 / 巨鹿之战

秦纪
巨鹿之战

章邯击败陈胜后，立即率军攻击河北的义军。经过一番角逐，秦军最后包围了义军。危急时刻，项羽带兵前来营救，而刘邦则率军西击秦军，攻打关中。在秦军远远多于义军的情况下，项羽以惊人的胆识，破釜沉舟，在巨鹿击败秦军。巨鹿之战不仅沉重打击了秦军主力，也为刘邦牵制了秦军主力，使他顺利攻下了咸阳。

章邯破赵，义军被围

项梁死后，章邯决定撤出黄河以南地区，去平定赵国，因为他觉得楚军已元气大伤。随后，章邯击败赵军，占领其都城邯郸。赵王歇退守巨鹿城，章邯命王离部包围巨鹿，自己亲率大军屯兵巨鹿南之棘原，修通道补给王离大军。

赵王歇遣使求救于楚军。为避免反秦武装力量被各个击破，楚怀王分兵两路：一路以宋义为上将军，项羽为次将军，范增为末将，率军北上救赵，桓楚、英布、蒲将军等楚将亦同行；另一路兵马由刘邦率领西进关中。楚怀王明言："先入关中者王之。"

楚军到达今山东曹县一带后，宋义就驻兵不进，企图坐观秦赵相斗，待其两败俱伤后坐收渔翁之利。项羽一再建议立即渡漳河救赵，与赵军内外夹击以破秦，否则以秦之强必灭赵。宋义不听，反驳道："牛虻斗牛，志不在虮虱。楚军目的在于灭秦，不在救赵。眼下秦军攻赵，战胜则马乏兵疲，我军可趁机胜之。秦军若败退，我军也可乘势西进，直接进攻关中，一举灭秦。因此，秦赵先斗，楚作壁上观，乃是上策。"宋义随后下令，军中如有不从命者皆斩。

当时天气很冷，又下起了大雨，楚营里军粮接济不上，士兵们受冻挨饿，都抱怨起来，宋义却和部下饮酒作乐。项羽看到后非常生气，说："身为将军，就应该鏖战于沙场，誓死攻击敌军。如今军营里没有粮食，上将军却按兵不动，自己喝酒作乐。这样不顾国家，不体谅兵士，哪里像个大将的样子！"众兵将也非常气愤。

宋义和齐国的关系一直很好，因此决定将儿子推荐到齐国担任要职，齐国也同意了。高兴之余，宋义决定要亲自送儿子一程。到齐国和楚国的边境无盐县后，宋义又在此摆宴大肆庆祝。

无盐县紧邻齐国，而宋义大军就驻扎在安阳，

▶（秦）铜鼎

周纪·秦纪　　秦纪　　巨鹿之战

安阳位于无盐西南。宋义将儿子送到无盐的消息被楚国兵将得知后，士兵们都产生了强烈的抵触情绪。无盐之行是宋义犯的一个致命的错误，但对于项羽而言，这是一个绝佳的夺权机会。

有一天，项羽对众将道："大家觉得当秦军和赵军大战时，我们可以坐收渔翁之利吗？我认为这绝对不可能。但宋义却是这么认为的。你们都明白，秦军实力十分强大，赵军最后肯定失败。一旦赵军失败，秦军肯定士气大振，到时我军将很难取胜。再说宋义每天都在饮酒作乐，不关心士兵的死活，他根本就不是一个合格的统帅！"

众将都赞同他的看法，开始责骂宋义。项羽见此情景，马上闯入宋义帅帐，抽剑杀死了宋义，接着召集三军将士，大声说道："宋义身为统帅，却驻兵在此，不去营救赵军。其实他想谋反，幸亏被我察觉，我已经斩杀了此贼。"众将士听闻宋义被杀，均高声欢呼，并推举项羽代替宋义为上将军。随后，项羽马上率军渡过漳河，抢占对岸阵地。

破釜沉舟，大败秦军

渡河后，项羽下令烧毁军营，将军中所有做饭的锅都砸碎，并将所乘船只凿沉，每人只带三日干粮，以示誓死决战的决心。看到既无多余之粮，又无战船，楚军将士明白，如今已是无路可退，只有击败秦军，才有生存的可能。接着，项羽率军和王离所率的秦军展开了殊死搏杀。

其实，当时有众多兵马前来救援赵国。但是都慑于秦军之威，按兵不动，静观其变。当他们看到楚军和秦军激烈的战斗后，全看呆了。楚军士兵舍生忘死地冲杀秦军，使前来救援赵国的各路兵马吓得浑身颤抖。楚军大胜后，邀请前来救援赵国的将领们到军营相见，他们一进大营，便不

▲（秦）羊角钮钟
高36厘米，椭圆形，上小下大，平口，顶部有长方形穿孔，并有分歧外侈的羊角形錾钮，全器素地无纹饰。

由自主地跪地而行，连抬头的勇气都没有。

此战中，秦将苏角战死，王离被俘。自此，各路反秦将领皆臣服于项羽，各路诸侯也都纷纷表示听命于他。

巨鹿大战中，义军一举歼灭了秦军主力，扭转了整个农民起义战争的战局，对于灭亡秦王朝腐朽的统治具有决定性的意义。自此以后，秦王朝已经名存实亡。

刘邦入关亡秦

秦纪

在巨鹿之战进行的同时，刘邦率部向西进发。巨鹿之战牵制了秦军主力，所以刘邦在西进时受到的抵抗较少。沿途所到之处，刘邦收编了许多地方武装，同时也招降了许多郡县，最后非常顺利地逼近了咸阳。面对强大的义军，秦王子婴最后无奈出城投降。于是，中国历史上第一个大一统的封建王朝宣告灭亡。

刘邦西进，兵临咸阳

项羽大战秦军时，刘邦正率军向西进军。刘邦大军所到之处，那些曾被秦军打败的义军游兵纷纷前来归附。此外，各地的许多反秦力量也都归附于刘邦。因此刘邦的大军日渐壮大。

公元前207年初，刘邦率大军攻取了陈留的粮仓，使刘邦大军的粮草问题得以彻底解决。

一个月后，刘邦率军攻打开封。但是，此地秦军寸土必争，因此义军只好转道北上东郡。义军到达白马津时，却遇到了秦将杨熊，于是又是一番大战，结果秦军大败而逃。刘邦率军追击，将杨熊军逼至荥阳，杨熊最后被朝廷下令处死。随后，刘邦率部顺利地攻到了南阳城。

同年夏，义军大败秦军，秦军溃退宛城。刘邦急于西进，军师张良劝道："入关确实重要，可是，秦军在关中的兵力十分强大，再加上他们占据着武关，对我军非常不利。现在主公若贸然进军，必定难以取胜。虽然秦军在南阳大败，但其主力尚存，如今南阳尚未攻克，如果我军不顾南阳而西进，就会受到秦军的两面夹击。到时我军将无路可退，危险至极，望主公三思。"刘邦听后，立即将本军旗帜全部扮成秦军旗帜，然后率军连夜急行，绕道前往南阳，于黎明时分包围了南阳城。

南阳守将眼看城破在即，便要拔刀自刎。这时，其军师陈恢抢下刀，说道："将军切勿如此。现在我们尚未战败，我愿意到敌营说服刘邦，与其签订和约。"随后，陈恢便翻城而下，来到刘邦大帐，对刘邦说道："听说怀王曾与众将军约定，谁先入关谁就可以称王。现在，如果将军要攻打南阳，恐怕要耗费一些时间，而城中百姓听说降者必死，也定会死守城池。而倘若将军率军西进，宛城秦军肯定会追击将军，这样也可能导致别人抢占先机而先攻入咸阳。如果将军能与南阳签订和约，让郡守依旧守护城池，让士兵归附将军，这样南阳就会开城迎接将军，将军便可顺利进入武关。"

刘邦听后欣喜不已。南阳可以不战而收，这是他做梦都不敢想的。于是，他立即同意了陈恢的提议，随后让南阳郡守继续镇守南阳，并封其为侯，另外封陈恢为千户。接着，刘邦下令：所有将士进入南阳后，如有奸淫掳掠者，一律处斩。百姓听说后自然欣喜。

此后，义军沿途遇到的秦将大部分都被刘邦招降。很快，刘邦便率军兵临武关。

子婴出降，秦朝灭亡

不久，刘邦开始攻打武关，并很快拿下了武关。武关失陷，咸阳必将不保，赵高看到咸阳危在旦夕，便派人阴谋杀害了秦二世，然后派人到刘邦军中谈条件。赵高的条件是，自己投降后能够

> 周纪·秦纪　　▶ 秦纪　　▶ 刘邦入关亡秦

▲ （秦）咸阳宫遗址出土的银盘
银盘遍饰鎏金龙纹图案，具有战国时代的特点，原本应是战国时的六国之器，后来被秦国所得，就在其口沿背面补刻了"卅三年"等秦篆铭文，用于咸阳宫。后此盘归入西汉宫廷，又被赏赐给封在临淄的齐王，所以该盘最后出土于齐王墓。

担任关中王。刘邦听后，立即拒绝了。没过几天，赵高便被秦王子婴设计斩杀。公元前207年秋，刘邦率军兵临灞上，而灞上正是咸阳城的最后一道屏障。

刘邦大军压境，秦王子婴情知败局已定，便带着玉玺亲自向刘邦请降。这时，军中众将希望刘邦斩杀子婴，以平民愤。但刘邦没有同意，他认为，正是因为他宽容大度，楚怀王才让自己带军西进。何况子婴是主动来降，如果杀害投降之人，必然引起民众反感。于是，刘邦允诺了子婴的请求，率军入驻咸阳。至此，秦亡。

刘邦进入咸阳后，马上就被豪华的宫殿楼阁、夺目的金银财宝和倾国倾城的后宫佳丽所迷惑，这些以前见所未见的东西让他彻底陶醉了，

少年读全景
资治通鉴故事 1

▶▶ 周纪·秦纪　　▶▶ 秦纪　　▶▶ 刘邦入关亡秦

于是他想长驻此地。看到刘邦沉湎于酒色财气之中，军师张良等人劝他应以大局为重，现在咸阳已成众矢之的，万万不可贪恋此间财物。刘邦听后幡然醒悟，立即封好金库，回兵灞上。

过了几天，刘邦召集各县有威望的父老豪杰到灞上，对大家说："你们已经吃尽了秦朝的苦头，议论一下朝政就会被满门抄斩，探讨一下时势就要被杀头，这太残暴了。现在，我和大家约法三章：第一，杀人要偿命；第二，打伤人要治罪；第三，偷盗者要判罪。除了这三条，其余的秦朝法律一概废除。我是替父老们除害的，决不会坑害大家，希望大家回去后把我的话转告百姓们。"

▲（秦）青铜罐

老百姓听说刘邦对他们如此宽大仁慈，便争先恐后地拿着羊肉、酒和粮食去慰劳士兵，刘邦再三推辞。老百姓看到刘邦如此爱护他们，都希望他能够永远在关中做王。在这种形势下，有人建议刘邦增兵函谷关。他们认为，只要将函谷关守住，其他军队便无法入关。这样一来，刘邦便自然成为关中之王了。刘邦听后激动不已，马上加派兵力镇守函谷关。

自此，一统天下的大秦帝国正式退出了历史舞台。

| 周纪·秦纪 | 秦纪 | 西楚霸王项羽 |

秦纪

西楚霸王项羽

刘邦返回灞上后,项羽便率军将咸阳洗劫一空。他将秦朝宫殿统统焚毁,将金库中的财物全部据为己有。随后,他又自称"西楚霸王"。接着,他将各路诸侯分封为王,刘邦被封为汉王。项羽自以为天下无敌,可以称霸了,便率领大军返回了彭城。但是他在咸阳的所作所为,使百姓对他很是失望,也使许多诸侯心生不满。

火烧秦宫,自封霸王

在鸿门宴上,项羽提出了诸多苛刻的条件,要求刘邦将咸阳和关中交由自己管辖,将秦朝遗民全部交由自己处理,同时要求刘邦驻军灞上,但只能带领原先的部队,而且要听令于自己,刘邦都爽快地答应了。其实,项羽始终没有同意范增斩杀刘邦的计划,其妇人之仁是一方面的原因,最直接的原因还是刘邦接受了他的所有条件。鸿门宴后,项羽成为所有反秦军队的统帅,随后便率军从鸿门前往咸阳。

项羽与刘邦不同,他并没有被咸阳城富丽堂皇的宫殿所迷住,进入咸阳城后,便回忆起当年楚怀王(历史上有两个楚怀王,此处指熊槐)被骗入秦最终客死他乡以及项梁惨死于秦军的往事,这些国仇家恨让他对秦朝愤恨不已。大怒之下,项羽处死了子婴,并放火焚烧秦宫,大火烧了三个月不熄。

这时,又有人提出,残害六国百姓的不只有秦王,还有秦国的官员。于是,项羽下达命令,将秦国贵族和官员统统处死。一时间,咸阳城血流成河。秦国百姓看到此种惨况,人人自危。此时此刻,项羽在他们眼里与暴君无异。

这时,一个叫韩生的人对项羽说:"关中自古以来便是兵家必争之地,易守难攻。如果想一统天下,就必须占领关中。"项羽听后,说道:"人们一旦发达了,就应该回家乡。否则就如同穿着华丽的衣服走夜路,根本没人看得见。"韩生出去后,气愤地说:"早听说楚人虚有其表,胸无大志。果然如此!"项羽得知后,便杀了韩生。

当初追随项羽西进灭秦的所有诸侯都盼望灭秦后可以受封为王。在这种形势下,项羽决定按功劳大小重新划分领地,便让人前去请示楚怀王熊心。怀王让他按原先的约定处理。项羽听后,气愤地说道:"怀王没有丝毫战功,根本没有资格处理天下大事!当初,我们为了合力推翻暴秦,才拥立他为王。但

▼(汉)动物纹金饰牌

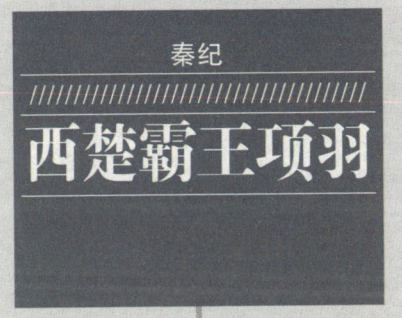

周纪·秦纪　　秦纪　　西楚霸王项羽

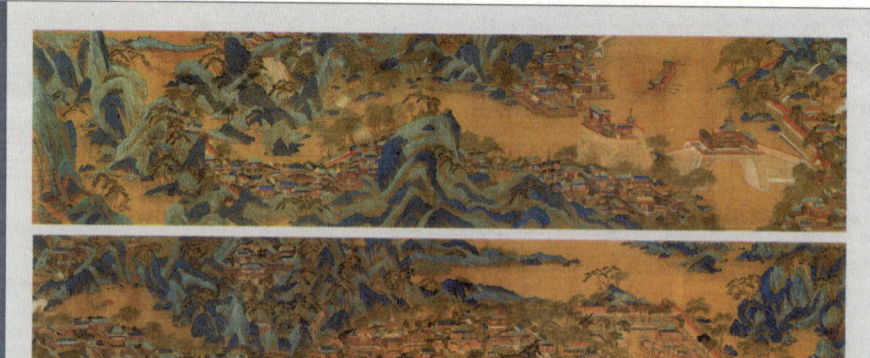

◀ 阿房宫图卷

秦始皇统一六国后大兴土木，下令修建阿房宫。阿房宫为双层建筑，气势雄伟，因为工程浩大，至秦灭亡时尚未完工。据传，尚未完工的阿房宫最后被项羽焚毁。

是，众所周知，灭亡秦朝是我们南征北战了三年之久才实现的，可以说，灭秦的最大功臣是我和诸位。"各诸侯的利益与项羽一致，所以都表示支持项羽。

紧接着，项羽便召开了会议。在此次会议上，项羽尊楚怀王为"义帝"，自封为"西楚霸王"，然后按自己的喜好分封了十八路诸侯，其中以汉王刘邦、九江王英布最为著名。但是，项羽分封诸侯时任人唯亲，所以此举不但没有凝聚各路诸侯，反而加剧了他们之间的矛盾。

诸侯反叛，霸王平乱

分封完毕后，项羽命令诸侯们前往各自封地。诸侯们虽然很气愤，但在项羽的威慑下，最后都率部赶往自己的封地。与此同时，项羽也率部带着从咸阳宫中抢来的财宝和美女返回老家彭城。他的所作所为，使百姓们失望至极。

不久，齐将田荣最先起兵反对项羽，他先将齐王田都驱逐出境，接着将胶东王田市斩杀，随后又派部将将济北王田安杀害。至此，齐国辖地都被田荣占领，田荣自立为齐王。

田荣反叛不久，陈余也起兵反叛，他认为自己和张耳地位平等，但张耳被封侯，自己却没有任何封地，十分不服，所以联合田荣赶走张耳，占领了赵国封地。接着，他又将赵国分为赵国和代国，自己做代王。

田荣和陈余反叛后，项羽震怒。不过，在他眼中，刘邦才是最大的威胁。因此，他将关中大地一分为三，分别由秦降将章邯、司马欣和董翳镇守，"三秦"之称由此而来。如此分配，就是为了让他们牵制刘邦。

刘邦率军前往封地前，张良建议刘邦在到达封地后，一定要将通向汉中的栈道全部烧毁。刘邦大吃一惊，忙问这是为何，张良说，这样做既可以消除项羽对刘邦的猜疑，也可以断了其他王侯袭击汉中的念头。

刘邦照做后，张良赶去对项羽说："现在汉王已经前往封地，而且将通向外边的栈道全部焚毁了，可见他决定长驻汉中。如今田荣起兵反叛，我建议您立即率军镇压。"项羽听后，表示赞同，从此他不再派人监视刘邦，而是率军前去讨伐田荣。

刘邦到达汉中后，任命萧何为相，曹参、樊哙、周勃为将军。同时，他下令发展生产，操练士卒，开始为将来争霸天下做准备。

项羽在咸阳城的疯狂屠杀，已经使其丧失了民心；在分封诸侯时，他任人唯亲的行为更引起了很多人的愤慨。项羽的所作所为，使他难成天下之君。

> 周纪·秦纪　　　　　秦纪　　　　　汉王定三秦

秦纪
汉王定三秦

当初，楚怀王曾与众诸侯约定，谁先入关，谁就是关中王。刘邦最先入关，然而，项羽却没有遵守约定封其为关中王，刘邦为此十分气愤。但项羽实力强大，刘邦也只能忍气吞声。后来，他终于抓住时机，率军将关中大地全部占领。自古以来，关中就是兵家重地，占领关中后，刘邦开始了东进争夺天下的步伐。

韬光养晦，平定三秦

进入封地后，刘邦立即下令整饬军队，储备军用物资，积极为东进做准备。在此期间，刘邦得到了一位杰出的军事统帅——韩信。

韩信，淮阴人，出身于贫穷之家，既受过乞讨之苦，又受过胯下之辱。反秦起义爆发后，他便加入了项氏义军，在军中担任郎中。他虽然谋略过人，但其计谋从未受到重视。刘邦率部入汉中时，韩信便投于汉王麾下，被任命为大将。

韩信为将后，为刘邦分析道："主公如果想一统天下，那就必须将三秦大地拿下，因为三秦的战略地位非常重要。可以说，占据三秦是夺取天下的基础。"刘邦认为韩信的分析非常正确，于是决定按照他的建议行事。

经过分析，刘邦等人一致认为攻打三秦一定能成功，原因有三：

第一，军队的士兵们攻下三秦就可以回到故乡。因此现在应立即出兵攻打关中，然后兵临彭城，与项羽一决胜负。胜利后，士兵们便可以返回家乡了。士兵们在归乡情绪的激励下，一定会士气高涨。

第二，三秦百姓可用。当年三秦王率领众多三秦子弟东征义军，结果死伤惨重，这使当地百姓痛心不已；加上项羽曾将二十万秦军坑杀，又在咸阳烧杀掳掠，让三秦百姓对其愤怒不已。至于三秦王，当地百姓对其更是恨之入骨。因此，只要收拢民心，必可攻克三秦，拿下关中。

▶ **牛虎铜案**
此物出土于云南江川李家山。高43厘米，长76厘米，由二牛一虎巧妙组合而成。大牛的四脚为案足，牛背为案面。一只猛虎四爪紧蹬于牛身上并咬住牛尾。大牛腹下立一头小牛，小牛头尾稍露出大牛腹外。此器物生动地表现了大牛牺牲自己保护小牛犊的情景。

| 周纪·秦纪 | 秦纪 | 汉王定三秦 |

第三，可以利用诸侯们因项羽分封不公而引起的不满情绪。当初，项羽打着"按功分封"的旗号，实际上却是"因亲分封"，这引起众诸侯的不满，分封完毕后各诸侯王之间便开始了争夺封地的大战。趁诸侯王混战之机出兵，必定能够拿下三秦。

于是，刘邦开始整军备战，攻打三秦。

公元前206年秋，韩信与曹参、樊哙出兵南郑，转向故道，迂回至章邯军侧后发动突然攻击，获得全胜，汉军迅速推进到陈仓附近。章邯感到形势严峻，立即率军支援陈仓，被汉军一举击败。首战失利，章邯命军队分向废丘和好畤两方撤退。汉军乘胜追击，再次大败章邯军。

与此同时，汉军兵分三路攻打其他三秦要地。第一路由周勃率领，在攻克漆县击败秦将章平和姚印后，又占领了一些地方，一路势如破竹；第二路由靳歙和郦商率领，占据了陇西诸郡；第三路由灌婴率领，兵临栎阳后，塞王司马欣出城投降，接着汉军北上上郡，翟王董翳也出城投降了。

至此，汉军攻占关中大部分地区，基本实现了平定三秦的战略目标。

采取措施，巩固后方

为了巩固战果，刘邦在占领关中后采取了很多措施。

首先，在平定三秦后，刘邦马上攻克陇西，

▼背水一战
韩信率军攻打赵王歇，汉军背靠河水排列阵势，大败赵军，正是："陷之死地而后生，置之亡地而后存。"

并不断向北进军，生擒章平。稍事休整后，刘邦亲率大军出关，击败河南王申阳和韩王昌的军队。这样一来，函谷关外到河西的广大地区，都已经成为刘邦的势力范围。

其次，设都建国，建立政权机构以统治辖地。公元前205年，他将栎阳定为国都，并将辖地按郡县制重新划分。此外，他还设置了政权机构，任命了行政官员，在地方上分别设置县令、丞、尉；在县、乡中则设立"三老"。三老选的是当地五十岁以上的有威望的人。三老的职责就是协助当地官员管理地方上的教化事务。

再次，招纳降军，扩充实力。平定三秦后，刘邦发布诏令：谁若率部或以郡来降，就封谁为万户侯。面对如此优厚的条件，沛郡人王陵首先率部归降刘邦；接着，张耳率领残部也投奔而来。

再次，减轻人民负担，发展农业。刘邦下令整修河道，释放犯人，分割原先秦朝皇家园林的耕地给百姓，免除关中百姓两年租税，免除关中士兵一年赋税。刘邦还废秦法立汉律。

最后，对关外百姓施恩，加以安抚。

以上措施的实行，使百姓尽享福泽，同时也使刘邦得到了关中百姓的拥护，如此一来，关中便成了其根据地，这就为刘邦击败项羽、一统天下奠定了坚实的基础。

周纪·秦纪　　秦纪　　高阳酒徒郦食其

秦纪
高阳酒徒郦食其

高阳酒徒郦食其，年少时便好酒，成人后常流连于酒肆中。郦食其素有大志，谋略出众，归附刘邦之后，不费吹灰之力便计降陈留县令，占领了陈留县。此后，他更是妙计频出，为刘邦统一天下、建立大汉王朝立下汗马功劳。但令人惋惜的是，郦食其最后却因韩信而惨死于齐王之手。

高阳酒徒，投奔沛公

郦食其，河南高阳人，喜好读书，性情豁达，但家中穷困，连基本的生活保障都没有。即使如此，他仍然爱酒如命。由于生活无着，他便做了一个看门人。虽然他地位低下，但当地豪绅却不敢欺辱他，还对他敬畏有加，称呼他为"狂生"。

大泽乡起义爆发后，全国各地烽火骤起，许多义军东征西战，打击秦军。有义军经过高阳时，郦食其便想前去投奔，但听说这些义军将领固执己见、嫉贤妒能，他便打消了念头，从此深居简出。后来刘邦率军抵达陈留县城外，郦食其闻听刘邦招贤纳士、知人善用，于是决定投奔刘邦。

一天，郦食其前去拜见刘邦，当时刘邦正在洗脚。郦食其为人不拘小节，只是拱一拱手，便说："你是想助秦攻诸侯呢，还是率领诸侯破秦？"刘邦大骂道："你这个该死的儒生，暴秦残害百姓，人人都想消灭它，因此诸侯才起兵抗秦，我怎么会帮助秦朝攻打诸侯呢？"郦食其道："既然你要诛暴秦，那为何用这样傲慢的态度对待长者呢？"刘邦听后，连脚都来不及擦，赶忙起身请郦食其上坐，并备酒款待。

随后，刘邦与郦食其谈论目前的局势，郦食其分析得头头是道。刘邦大喜，问道："先生果然谋略出众，但不知如何破秦？"郦食其说："你带领的乌合之众，数量还不到一万，竟然妄想攻打强秦，这不过是羊入虎口罢了。陈留这个地方，是天下的要冲，交通四通八达，城中又囤积了很多粮食。我认识县令，让我来劝说他投降。他如不投降，你可以举兵攻打，我做内应，则大事可成。"刘邦觉得有理，就采纳了郦食其的建议。

郦其食进了陈留县城，找到县令劝降。但是，县令由于惧怕秦朝的苛刑，没有同意。无奈，郦其食晚上便杀了陈留县令，又派人报告刘邦。刘邦引兵攻打县城，并在城门外大声喊道："城里的将士们赶忙投降吧，你们的县令已经死了！要不然我们攻破城池后，你们也要被砍头。"城上守军听说县令已死，无意再守，便投降了。

刘邦进城后十分高兴，因为此战不仅得到了许多兵器和粮食，而且还收降了一万多士兵。之后，刘邦没有忘记郦食其的功劳，赐封其为广野君。

▲（汉）象牙尺
这柄象牙尺发现于内蒙古地区，尺上刻有彩色龙凤图案和精细的刻度，是反映汉代度量衡制度的精品。

周纪·秦纪　　秦纪　　高阳酒徒郦食其

游说齐王，惨遭烹杀

公元前204年，楚汉相争时，郦食其对刘邦说："楚汉相争久持不下，就会导致混乱丛生，百姓不安。主公应该立即率军攻占荥阳，占据军事重地，如此，天下迟早将归属于你。"他还自荐去游说地方割据势力齐王田广。刘邦同意了。

郦食其到了齐地，向齐王晓以利害："如果大王明白天下人心所向，就可以保全齐国，如果大王不明白天下人心所向，齐国就无法保全。"齐王问道："如今人心归向谁呢？"郦食其答道："如今天下人心归向汉王。"齐王问："可有凭证？"郦食其将当时的形势分析一番后说："现在天下英雄全都归于汉王，他们都听命于汉王。起初，汉王率领大军一举平定三秦，接着又率军攻克井陉，斩杀成安君，随后出兵战胜魏王，将三十二座城池纳入囊中。这样的战绩，与远古时蚩尤的无敌军队相同，汉王并非依靠人力取胜，乃是依靠上天保佑。如今，汉王已经占据了敖仓、成皋，守住了白马渡口，堵塞了大路，扼守住了蜚狐关口，天下诸侯如果不投降，则只能被灭。大王若立即投降汉王，齐国则可保全；若拒不降汉，恐怕厄运很快便会降临。"齐王同意降汉，自此罢兵守城，天天和郦食其纵酒谈心。

这时，韩信听闻郦食其凭三寸不烂之舌毫不费力地便劝降了齐王，收降了齐国七十多座城邑，心中嫉妒不已。为此，他率领大军急速进军齐国，并夜袭齐王。齐王得到报告，误认为是郦食其出卖了他，于是决定将郦食其烹杀。

齐王说："如果你能劝退汉军，我就赦你的死罪。"郦食其说："做大事的人，就不要顾及小节；有高尚德行的人，就不怕别人指责。事已至此，我没什么可说的了。"说罢就跳入了沸腾的锅中。

郦食其辅佐刘邦的时间很短，但他凭借自己超群的政治远见和卓越的军事见解，为刘邦早期平定天下立下了汗马功劳。

作为一个谋略超众的人，他不仅有高超的辩说之才，还有无惧无畏之心，可能正是因为具备了这些特性，他才成为人人敬仰的一代"狂生"。

▼（西汉）鎏金胡傅铜温酒樽
酒樽通体鎏金，两侧有铺首衔环，樽体表面饰有各种浮雕动物，如龙、凤、虎、鹿及山石图案。盖顶中心饰有柿蒂纹，外层饰有虎、熊、龙、蛇等图案，活灵活现，极富情趣。器口刻有铭文："中陵胡傅铜温酒樽，重廿四斤，河平三年造。"